各方赞誉

茜拉充满了智慧与幽默，她会迅速成为你鼓舞人心的朋友与导师，温和地教你如何管理沮丧情绪，同时树立自信。本书堪称终极版自我成长书籍，阅读本书你会觉得妙趣横生；当你害怕自己失去理智的时候，可以求助这本书，你会发现自己能从中获得爱、支持与指导。

——劳拉·多伊奇（Laura Deutsch）
Mommybites.com 联合创始人

我喜欢这本书里的每个词。茜拉的建议非常中肯，也很幽默，最重要的是非常有效！作为一个临床社会工作者和两个年幼女儿的母亲，我强烈推荐这本书，既是从个人角度，也是从专业角度。

——卡罗尔·诺姆伯格博士（Caral Naumburg, Ph.D.）
《当下如何做父母》（Parenting in the Present Moment）的作者

这本书是一本充满灵气又轻松愉快的读物。这位作者妈妈一直在努力，丝毫不惧"自曝家丑"，从她第一次握拳振臂获得胜利到她最尴尬的低潮。茜拉没有粉饰，也没有指指点点，她与你并肩而行。读完这本书，我有种势不可挡的感觉，觉得我也能做到这一点。我也可以少点吼叫，并告诉孩子们我对他们只有满心满意的爱。这本书告诉我们如何能理智、幽默而又不劳心费神地做到这些。

——加利特·布瑞恩（Galit Breen）

博客作者、作家，三个孩子的妈妈，已成功转变的吼叫型妈妈

所有父母的绝对必读书。茜拉友好而诚实的声音就像一个亲切的朋友在帮助你渡过难关，并鼓励你坚持下去。

——梅丽莎·凯伊（Melissa Kaye）

Mommybusiness.net 联合创始人

这本书是你重新掌控理智的生命线，它能帮助你不再对孩子大吼大叫。如果采纳茜拉切实可行的理念，你就会发现自己也能成为理智冷静又充满爱心的父母，也就是你一直希望自己成为的那种父母。她不会让你觉得内疚，她会赋予你力量，并告诉你任何人都可以从今天开始，真正做到少些吼叫多些爱。

——艾丽莎·马奎斯（Alissa Marquess）

CreativeWithKids.com 创始人、编辑

这本书将冲孩子吼叫的羞愧外壳一把扯掉，这可是我之前从来没有经历过的。通过讲述她自己在这个过程中的趣闻轶事，茜拉赋予了别的父母相同的能力，激励并治愈为人父母者。这本书提醒你并不是一个人在战斗，带孩子的生活充满了希望。这本书会让你的人际关系、健康和快乐（指数）更加丰富，从而提高你生活的方方面面。总之，它是一份改变生活的礼物。

——雷切尔·梅西·斯塔福德（Rachel Macy Stafford）

"《纽约时报》畅销书"《空出双手的妈妈》（Hands Free Mama）作者

如果你想知道怎么停止向你的孩子吼叫，那么这本书就是你最需要的。家长们蜂拥而上在网上抢读这本书是有原因的。这本书的作者能让你不再因为偶尔对孩子的咆哮而感到难受，毕竟谁也有控制不住情绪的时候，对吧？作者同时也鼓励家长们深层次地分析咆哮的原因然后试着控制自己。更妙的是，这本书不仅在理论层面上为家长们指明了方向，而且还提供了整套的尝试停止吼叫的解决方法。

——劳拉·马卡姆（Laura Markham）博士

扪心自问，谁愿意做一个常常吼叫的人呢？这就是当我知道"橙色犀牛"的博客获得了我们评选的"2013最佳家庭教育博客"的时候如此高兴的原因。McCraith将她自己走过的艰辛道路整理为了一本操作性极强，容易理解的书。我最爱这本书的地方是，这本书描述的场景就像是作者就在我们生活中的现场一样，McCraith是真的了解父母们。

——《父母》（Parents）

这本书为父母养育孩子提供了一个非常可行的坦诚的挑战方法。对比我们自己的境况，我们就不会怀疑写作的真实性。这本书能启发灵感，我可以在第31天时取得第一次成功。

——迈克尔（Michael）

书中的秘诀蕴含在30天中，这似乎是很恰当的。当我读到第28天时，我3岁的孩子不想吃麦片粥，全都溢撒到了书上，看着溢出的牛奶和麦片，我简直要哭（要大吼）。但是我没有叫喊。

——杰西卡（Jessica）

这本书让我感到自己并不孤独，还有其他人和我经历过同样的问题，处境相同。这本书真是很精彩的，它能让我把事情朝好的方面看和思考。仿佛是在和朋友交流，我喜欢作者列举的事例。我发现这本书看得越多，自己训斥的次数就越少。现在，我会时常思考"橙色犀牛"这个预警信号。

——丽萨（Lisa）

这本书挽救了我和我儿子的关系。我的前妻去世之后，我突然变成了一个全职单亲父亲，而我之前的轻松愉快、从不吼叫的教育方式也因为我面对的压力而改变了。或许有一些工具不是完全适合你，但有其他适合你的方法。我就发现"自我认识"和"情绪管理"这两个章节非常有用。而像在手机上设置一个重复提醒自己不要吼叫的备忘录，以及让我的儿子也加入"不吼叫计划"等等小贴士，也对我非常有帮助。一开始这很难，我不得不很多次从头开始，但是现在，我已经很多天没有吼叫过了。我的儿子对我的做法非常理解和感激（这是对我最好的奖赏）。

——一位普通父亲

少些吼叫 多些爱

"橙色犀牛行动"30天实现不吼不叫

Yell Less
L♥ve More

[美]茜拉·麦克瑞斯(Sheila McCraith) 著
叶红婷 宋晋平 译

上海社会科学院出版社
SHANGHAI ACADEMY OF SOCIAL SCIENCES PRESS

谨以此书献给我的丈夫和我的儿子们，没有你们的爱和鼓励，没有你们每天激励我尽全力做最好的自己，我可能还是一只灰色的犀牛。

灰色犀牛： 坚韧顽强且强大有力的动物，天生性格温和，但受到挑衅或被激怒时，会表现出攻击行为并向对方冲去。

橙色犀牛：意志坚定且充满活力的人，当受到挑衅或被激怒时，不会选择用言语指责，而是保持冷静、关心和温和。

目录 CONTENTS

橙色犀牛的故事　1

第 1 章　轻松进入改变　8

第 1 天　承认需要改变：拥抱"哦……我需要改变"的那个时刻　9
第 2 天　寻求别人的支持：帮助，对身体有益　16
第 3 天　让孩子帮助你：橙色犀牛游戏　22
第 4 天　练习"避开"孩子吼叫：我喜欢冲到洗手间吼叫　28
第 5 天　用提示物包围自己：橙色是新的灰色　35

第 2 章　培养意识　42

第 6 天　开始跟踪吼叫诱因：二见倾情　43
第 7 天　对自己诚实："为什么，妈咪，为什么，为什么？"　49
第 8 天　记录越来越想吼叫时的身体征兆：妈咪扔了一个鸭嘴杯　55
第 9 天　给你的吼叫诱因贴标签："不，我不收拾房间！"　60

第 3 章　练习管理诱因　66

第 10 天　搞定可以搞定的诱因：混乱让我想大声尖叫　67
第 11 天　处理可以处理的诱因：我的感觉处理障碍症让我大吼大叫　75
第 12 天　识别无法改变的诱因：一天 25 个小时　80
第 13 天　接受不能改变的诱因：我不能改变我的儿子　86
第 14 天　练习原谅：我思故我吼　91

第 4 章　准备勇往直前　99

第 15 天　选择个人目标：如果我能刚好坚持到上午 9 点 5 分……　100
第 16 天　创造积极的自我肯定：从恶性循环到胜利循环　108
第 17 天　好好照顾你自己：睡觉，吃饭，跑步，打扫……拉粑粑？　114

第 5 章　开始少些吼叫多些爱　121

第 18 天　成为橙色犀牛：我的亲身经历　122

第 6 章　当事情或孩子令你抓狂时，保持镇静　130

第 19 天　爱的四字诀：我用了 36 年的安心毛毯　131
第 20 天　寻找新视角："至少"——我最喜欢的新魔咒　137
第 21 天　在你刚想大叫时大笑：2013 年的牙签大灾难　143
第 22 天　告诉自己吼叫不管用：我跪下来，大哭……　149
第 23 天　大声说出来："妈妈吓坏了。"　154

第 7 章　当你大为生气时，寻找温情　161

第 24 天　回忆在你没有吼叫的期间发生了什么："妈妈，我去了天堂，你还会爱我吗？"　162
第 25 天　记住，孩子也是人：如果我是个孩子……　168
第 26 天　看到孩子身上的优点：著名的塔斯马尼亚大嘴怪　173
第 27 天：回到基础：食物之战！　179
第 28 天　问问自己谁是始作俑者："完美"全家福　184

第 8 章　当你想放弃时，坚定信念　191

第 29 天　知道你是可以做到的：如何控制住吼叫　193
第 30 天　记住真正重要的：让天平向爱倾斜　199

第9章 超越30天　206

30天之后的每一天：我对孩子们的承诺　207

第10章 要点总结　212

橙色犀牛：有关吼叫的10大启示　213
成为橙色犀牛的10大好处　214
替代吼叫的10大方式　215
最常见的橙色犀牛诱因和解决方法　217
常见问题和回答　219

应用资料　222

橙色犀牛诱因跟踪表　223
致　谢　230
作者简介　232

橙色犀牛的故事

"橙色犀牛挑战"的诞生

"橙色犀牛挑战吼叫等级表"和挑战细节

如何使用这本书摇身变成"橙色犀牛"

　　我是四个孩子的妈妈，他们是可爱的男孩詹姆斯（James）、爱德华（Edward）、安德鲁（Andrew）和马克（Mac）。本书涉及许多主题，在与之相关的任何领域中，我都算不上是专家。唯一能称上"博士"的就是，我决心做一位给孩子"博"大之爱的有志之"士"。

　　然而，我经常大吼大叫，现正在治愈中。

　　过去我常常在晚上爬上床，对我丈夫哭诉我又把就寝时间弄得一团糟。我不停地冲孩子们大吼大叫："快点"、"别打了"、"现在就给我上床，躺好！！！"我对自己的这种可怕行为感到深深的内疚和痛苦，我努力想要摆脱，这样我才能入睡。但我不可避免地睡不着，想着自己作为一个人，作为一个母亲，是多么可怕；我不可避免地睡不着，想着自己作为一个人，一个母亲，是多么失败。不可避免地，我会睡不着，想着："哦，我怎么会沦落到这一步？感觉我只会大吼大叫！我怎么成了这样的人？我做梦都没想到我会成为一个喜欢大吼大叫的妈妈，可现在我就是这样。以前我不对别人吼叫。我极少冲别人大吼大叫。那为什么？为什么我会不停地冲我的孩子大吼大叫呢？我那么爱他们！我这是怎么了？我认识的人没有谁冲孩子大吼大叫。哦，怎么了？我这是怎么了？"

每周有几个晚上，我都会和自己进行这种内心的对话，一连持续了几个月，或许是几年。像这样经常进行内心对话实际上令人非常不爽，但我不能逃避，因为这是发生在我身上的事实，而且我觉得除了自己没有可以分享的人。如果告诉别人我的这些抗争，我害怕随之到来的审判、孤立，还有难堪。所以只有丈夫和我自己知道这些。结果？结果是我感到万分孤单，就像我是世界上唯一与大吼大叫抗争的人。结果是我感到万分惭愧，因为没有人谈论如何与大吼大叫抗争。结果是我感到万分惶恐，因为我不知道怎样终结与大吼大叫的抗争。

让我肠子都悔青的内疚感持续得越来越长，超过了几个小时，孩子们的眼泪和反应也开始直戳我心越来越深，通过这些，我能感受到这场抗争越来越激烈。尽管我知道大吼大叫会伤害我的孩子，会吓到他们，会让他们觉得羞愧，除了不能展现我对孩子的爱，它什么都能做到，但我找不到方法、勇气或决心去寻求改变。

直到 2012 年的 1 月 20 日！那天标志着我和孩子、丈夫、我自己，还有我的生活开始了一种新的关系。

"橙色犀牛挑战"的诞生

那是一个周五的早晨，我家的小时工撞见了我冲几个孩子尖声喊叫，那时他们都才五岁左右。我们说话时脸涨得红红的，身体颤抖着，拼尽全力地尖声喊叫！我觉得十分尴尬……后来，经过一番心路探索和灵魂激励，我再也无法接受自己总是冲孩子们大吼大叫了。这是个问题。至于我为什么不能改变，我再也不能相信我为自己找的各种借口，比如：我太累了；我没有时间，别的做法都不起作用；等孩子们长大了，这就不是问题了。我再也无法接受孩子们开始认为我是一个喜欢尖叫、发怒、苛刻，甚至恐怖的母亲，而不是富有爱心、充满耐心、严格坚决但又和蔼宽容的母亲。我一直想成为那样的母亲，而且在内心深处知道我能做到。

我要搞定"冲孩子大吼大叫"的劣行。于是，**第二天早晨，我对全家人承诺：我会连续 365 天不大吼大叫。**是的，你没看错——连续 365 天！我给自己定了一些相当严格的规则（分享在本书后面的"相关对策"部分）。如果我大吼大叫了，计数器就会归零。这是一个非常认真的目标，规则也非常认真，但这些是我激励自己扭转行为所需要的。此后不久，为了进一步激励自己，我开了博客，名叫"橙色犀牛挑战"，按时间顺序公开记录我的进步，以保持我的责任心。但我开博客的更主要目的是寻求支持，找到像我一样与大吼大叫抗争的其他人。我知道，我不仅需要帮助，还希望不再孤单。（事实表明，我越是开诚布公地写出我对吼叫孩子这件事情的纠结，我就越是发现来自全球各地的妈妈、爸爸、爷爷奶奶、姥姥姥爷、老师和看护者们对我的这种纠结感同身受，而且他们理解我的羞愧、失望和挫败感。我绝对不是一个人在战斗，你也不是！）

一开始，我只是把我的博客称为"365天不吼不叫计划"。但是我渴望赋予它更多东西；我渴望我的挑战有一个鼓舞人心的标志，这样我就能在困难时看看它，提醒我自己做出的承诺。我努力又努力，直到一天早晨，我召集孩子们坐进车里，当我给詹姆斯扣安全带的时候，他冲着我的脸大声尖叫。我冷静地对他说："詹姆斯，如果妈妈不能大吼大叫，那对你意味着什么？"

他的双眼直视着我，一根手指放进鼻子里，也同样冷静地回答我："我也不能大吼大叫，但我可以挖鼻孔！"

哈哈！我不禁大笑起来。当天晚上，我谷歌了"鼻子的起源"，不知怎么地最后搜到了犀牛。进一步的研究显示，犀牛是一种天生沉静和安详的动物，但是当受到挑衅的时候，犀牛也会表现出攻击行为并猛地冲出。啊哈！我就是一头彻头彻尾的犀牛。我可以是一位冷静的妈妈，但是被激怒时，我就会猛地冲出一些话！哦！哦！但我是多么不想做一头平平常常的灰犀牛啊！我再也不想具有攻击性；我再也不想猛地冲出一些伤人的话。我希望像橙色那样温暖，充满爱。我还知道，我需要橙色象征的决心和活力。你瞧，就这样，"橙色犀牛挑战"诞生了。

"橙色犀牛挑战吼叫等级表"和挑战细节

终于有了一个激励人心的名字和标志，太棒了！但我还有一个更大的问题。我很快意识到，很难界定"不吼不叫"实际上意味着什么！我能提高嗓门吗？什么算是坚定的声音？如果我偶然厉声说话又会怎么样呢？如果在紧急情况下，那会儿我能吼能叫吗？就这样，我的"吼叫等级表"诞生了！而且我一直严格地执行到2013年2月6号！那一天，我庆祝了自己做到了一年不冲孩子大吼大叫！

橙色犀牛吼叫等级表

可接受的等级	**0级：平时的声音。** 就是你说"岁月静好，我就是喜欢做妈妈，聊聊这些妈妈经"这句话的声音。字里行间都流露出恬静和幸福。标志是：你在心里对自己说"哇哦，真是一个美好的时刻，我想我该好好珍惜"。你的心里充满了希望，日子是那么美好。
	1级：轻声细语。 这种安静到几乎听不到的声音，像我们幼儿园的老师经常用的那样，但会以某种方式受到关注，得到尊重，且能持续跟进。标志：你几乎听不到这种声音，但它却像施了魔法一样奏效。
	2级：再度指导的声音。 这是一种清晰、充满爱意和耐心的声音，不会流露出对当下状况的恼怒，而是温和地表达你对某种行为的不喜，说出原因并提出建议。标志是：当你用这种声音说话时，就好像在轻拍自己的后背，说服自己听从某家教杂志的建议，哪怕就这一次。
	3级：临界声音（潜意识可能有所提高）。 当你说"我是认真的"，通常伴随着眉毛不时挑起，流露出一丝虚张声势的意味。标志是：你此时仍保持镇静，情感没有受到伤害，但你已经在怀疑什么时候你会忍不住吼出来，你的耐心正在飞快地流失。
	4级："天哪！""停！够了！嗷！" 这种声音已经接近失控，但实际上还没有。它不具备长久的攻击性，虽然快速尖锐，但刚好让你及时打住。这种声音恰恰好可以让孩子暂时停下来，思考一下要不要继续他恼人的行为。标志是：你的血压会有所升高，但你能很快冷静下来，并反思自己"哎呀，我真不是有意要吼出来的"。
表现不酷，天数归零！	**5级：失控的喊叫。** "达尔内！别闹了！住嘴！"这种吼叫虽然简短，但充满了恶意。标志是：你体内的血液好像要沸腾；声带发热，已经准备好长篇抨击；你问自己"哎呀，刚才我是失控吼出声了吗？"，如果你觉得是，那它就是了。
	6级：大吼大叫。 这种是很大声的。你知道这很大声，而且刻薄。你基本知道你已经越界了，毫无疑问的。标志是：孩子的眼泪是最好的指示器，就好像房门砰地一声被关上，孩子通常会朝你哭喊，说你刻薄，说他再也不爱你了。

	橙色犀牛吼叫等级表
表现太不酷啦，扣除2天！	• 7级：出离愤怒的尖叫。比"6级大吼大叫"更胜一筹。出于存心，而且话语中充斥着不堪、伤害和歇斯底里，双方都是如此。标志是：难以自控地身体发抖；事后尖声吼叫的人会感到巨大的内疚和羞耻感（至少我是这样的），而孩子则无一例外会感到蒙羞、伤心和害怕；事后还伴随着喉咙抽痛。

在紧急状况下（比如孩子在停车场疯跑，跑到马路上或火炉边等等），我允许自己用6级的声音大吼大叫，但只是善意的提醒，而不是恶意的攻击。当我出于恶意向别人吼叫，这是刻薄的。但如果我是善意的提醒，我只是想引起他们的注意而已。因此说，声音必须控制在3级以下，否则有害无益。

如何使用本书摇身变成"橙色犀牛"

我猜，我的"吼叫等级表"中的挑战细节和为期一年的目标可能会让你有点崩溃吧。我知道的是，这些确实曾让我极度崩溃！我在心里想过："我这是要让自己陷于什么境地呀？"我也担心过："一年不大吼大叫，我要怎么熬过去啊？"是的，凭经验我就知道，学习"少些吼叫多些爱"的想法绝对会令人望而怯步，结果也是这样！我这一路走来，有时远非"艰难"可以形容，还确确实实经历过一些"我要放弃"的时刻。但这件事有很多乐趣，也给我的生活带来了积极的变化。现在，我可以信心满满地说，自从开始"橙色犀牛挑战"，我不仅成了一个更加平和的人，还变得更加快乐、友善、沉着和坚强。我还可以信心满满地说，如果没有"橙色犀牛联盟"（Orange Rhino Community）的鼎力支持，如果没有我在挑战期间无意采取的一些简单措施，我也不会让这件事渐入佳境。本书不仅描述了上述措施，还将它们分解成更小的步骤，这样一来，学习"少些吼叫多些爱"的挑战就不那么令人望而生畏了，反倒更为可行了。

我知道，即使是在美好的一天，养儿育女的工作也非常紧张，非常疲惫，而有些日子能享受到的闲暇时光又何其之少，因此，我将本书编排成30个短小的版块，非常接地气，易于每日练习。每天都以我个人的故事开始，总结出一个重要的启示，确保我不脱轨而行，然后我会建议一些具体的做法，这些都能映射出我这一路上做过的事，随后会附上鼓舞人心的语录，还有三个日常小贴士可以帮助你。

冷静	1. 保持冷静，并待在合适的地方，这样大吼大叫一整天都不会发生。如果你愿意，这就是预防措施。
燥热	2. 当你的情绪变得燥热，吼叫的想法在内心潜滋暗长的时候，控制住。
火爆	3. 当你极其火爆，心烦意乱，且吼叫就在你的舌尖上，开始要溜出来的时候，遏制住！

当你通读并使用本书的时候，我给你的唯一建议就是，你要记住，**减少吼叫的第一步就是信奉一点——阅读时，不要认可任何"应该怎样怎样"**。我这话有几分是在开玩笑，但大部分不是！引发我对孩子大吼大叫的最大原因之一是，在教育和抚养孩子的过程中，我一直想着根据亲子教育书籍、文章或我无意中听到的言论去做我"应该"做的每件事情。所以，就让本书指引你，在你自己变身为"橙色犀牛"的旅程中为你出主意，或者让它准确地告诉你该如何开启这段旅程吧。使用本书并没有正确的方法，你的方法除外！

我的"吼叫等级表"和挑战细节创建了你渴望的框架吗？

遵循它们吧！它们与你不合拍？那就调整！或者在吼叫发生的那一天停止计数，然后在成功做到不吼不叫一天之后重新开始，而不是你吼了叫了就将天数归零。

你喜欢一下子就将书读完吗？

就那么做吧！或者，每天在某个时间段看书，按计划来。错过了一天？不要担心。是的，这是一个为期30天的指南，但如果你花了更长时间，那也一样很酷！

你每天只有很少的时间？在那些日子里，如果你有平静的足足一分钟，读读小贴士和启示部分或许就可以了，我们用彩色边框清楚地标记出来，很容易就能找到。

你觉得我的小贴士太疯狂太傻？（比如，在厕所里面大喊大叫；梆梆梆地敲打锅碗瓢盆，整出音乐派对的架势，来发泄一通）那就试试我分享的较为传统的小贴士吧，比如，转身走开，深呼吸，采取预防措施——比如，保证充足的睡眠。

你没什么时间读书，但希望视觉上有个醒目的东西提醒你"少些吼叫多些爱"，对吧？好吧，那么或许可将这本书连同封面放在看得见的地方，放在大吼大叫高频发生的区域。也许它会成为厨房里的杯垫？或者成为每天早晨去浴室你第一眼看见的东西？再说一次，我有几分是在开玩笑，但大部分不是！

言归正传，重点是：虽然这本书写的是我的个人历程，但实际上与你的历程也息息相关。所以请记住，在阅读本书的时候，不要为了你"应该"做什么而担忧或自责不已！你知道什么对你来说最管用，相信你自己，相信你自己的直觉。

噢，请千万千万千万要记住：即使你现在正行进在变成"橙色犀牛"的路上，**你依然是人类！这段旅程追求的不是完美，而是进步**。你可能会以你所希望的节奏进步，也可能不会。不论哪种情况，都不要紧。真正要紧的是，你在前进，而且当下的每一刻你都吼得越来越少，爱得越来越多。

祝你一路顺利

Sheila

第 1 章

轻松进入改变

第 1 天：承认需要改变

第 2 天：寻求别人的支持

第 3 天：让孩子帮助你

第 4 天：练习"避开"孩子吼叫

第 5 天：用提示物包围自己

我们有许多梦想起初看起来不可能，然后它们看起来不大可能，再然后，当我们下定决心时，它们很快就会成为必然。

——克里斯托弗·里夫[1]

我做梦都没想过我会是一个大吼大叫的母亲。我也做梦都没想过在大吼大叫了几年后，我还能变成一个不吼不叫的母亲。我，变成一个不吼不叫的人？不可能！如果不吼不叫，我都不知道如何引起我那几个孩子的注意；如果不吼不叫，面对他们无休止的打闹，我都不知道如何控制我的挫败感；如果不吼不叫，我都不知道如何处理我的个人压力。然而，当我正冲我的几个孩子大吼大叫时却被小时工撞见，那件事让我下定决心要把那些不可能变成可能。我得到了来自家人、朋友和陌生人的支持，还有随便什么橙色的小物件，比如橙色的便利贴和餐巾纸，也都让这个决心坚定下来且与日俱增，即使是在刚开始我要极其努力熬过不吼不叫的第一个星期时。是的，我尝试了好几次，才做到了彻底将大吼大叫一股脑儿地抛到一边，但是回首过去，我意识到，在我奠定了一些重要的基础之后，我才最终得以停止大吼大叫。

前五天就是着重于这些基础，打下根基，这会帮助你不仅将不吼不叫的梦想变为可能，还让它成为必然。

第1天

承认需要改变：
拥抱"哦……我需要改变"的那个时刻

2012年1月20号，星期五。那一天，开始时令人羞愧，充满窘迫，结束时感悟良多，令人振奋；那一天，我永远都不会忘记；那一天，对我来说真正地接近于标志着一种新生活的开始。

当时我的儿子詹姆斯五岁，爱德华三岁半，安德鲁两岁，而麦克只有六个月大。我当时34岁，在人生的那个阶段，我吼叫的次数比我告诉任何人的还要多得多得多。我把麦克哄睡着了，让他睡个早午觉，就轻手轻脚地把大些的孩子们召集起来，把他们带进我的房间，这样我就可以使用吸奶器了。我锁上房门，这样那几个孩子就不会偷偷溜出去，然后我就能让自己贴到那个吸奶器上，心中希望在必须出面制止他们的任何打闹之前能完成这个任务，要知道，如果他们被关在一个房间里，不出十分钟就会打起来。

经过一个"美妙"夜晚的睡眠，我早已筋疲力尽（我的儿子，不是一个，也不是两个，而是三个都不乖乖地睡觉）。因此我对他们淘气的恶作剧空前地无法容忍。

好吧，我吸奶还不到30秒，那几个熊孩子就发现了吸奶器的备用部件——一根备用软管，一个医用泵的活塞，还有多余的几个喇叭状的玩意儿。我还没反应过来，我的房间就变成了他们的"战场"。他们尖声叫着喊着（在弟弟小睡的时候为什么要安静？！很显然他们不知道），一个儿子挥舞着那根软管就像在耍双节棍一样，一个儿子则用那个活塞当剑玩，另外一个儿子则把那些喇叭状的玩意儿弹射得满屋子乱飞。后来，这几个孩子的游戏变得更加激烈，开始满屋子跑，喊叫的声音甚至更大了，还在我的床上窜上跳下。你懂的，我刚刚铺好的床瞬间又回到了原样。太可怕了。

我特别想发火！我想制止他们疯狂的行为！我只是想要安静一会，十分钟就行！我这个要求难道过分吗？好吧，我知道这是个反问句。

我温柔地要求我的孩子们停止打闹，盘腿坐下，告诉我他们那一天想做什么。我试过给他们读书。糟透了！我试了书中提到的每一个诀窍，所以在我被逼到边缘时，才没有变成那个我很有可能变成的愤怒的疯子。当然了，没有一个是奏效的，而且当时我正贴在那讨厌的吸奶器上，不能轻松地站起来打断他们。不行，我根本不能优雅地走到他们面前，弯下腰，四目相对，轻轻地把手放在他们肩膀上，然后以幼儿园老师似的口吻告诉他们，如果他们不立马停下来，妈咪就要真的疯掉了！你们懂的，因为这是所有的育儿书籍所建议的——当然不是"疯掉"这段，而是除此以外的其他部分。我礼貌地要求他们停下来，一次又一次，但他们无视我（简直不能忍！）。

所以，我做了我能做的。

我做了我知道应该如何做的。

我做了每当我对他们失望时，自然而然就会做的。

我大吼了！

是的，我这座火山爆发了。我用高分贝、最响亮的声音大吼："立刻停下来！妈咪就需要你们安静一分钟，让我恢复镇定！求你们了！就！给！我！一！分！钟！"终于，我想要的安静终于降临，但却被房门外一个不寻常的动静打断了。

"呀！坏了！"我想，"有人入室抢劫。"我紧张地喊了一句："有人吗？"

静如死水，但这次的寂静却不是我想要的。我多想听到我丈夫的，哪怕是保姆的声音。但最终，我听到从阁楼上下来的脚步声。我想："怎么会……？"接着我把孩子们带到角落里，要求他们保持安静，然后小心翼翼地打开了房门。

是卢克（Luke），我们的勤杂工。当时为了给麦克腾出房间，我们刚结束了九个月的房屋施工，而且我们信任所有的工人，所以给了他们车库密码，让他们在有需要时可以自由进出。那时候我本应该很快想起这回事的！

"哦，嗨，茜拉，我就是过来修点东西。"

我十分懊恼地回答说："嗯，嗨，卢克，你全听到了？"

他露出一个大大的傻笑，说："哎呀，是的，是的，我全听到了。您继续。当妈妈的就应该做好妈妈该做的事。"

我窘迫极了，一个大写的窘！

因为被别人抓到我大吼大叫而窘迫万分。

因为在我吼叫之前没有控制住自己而窘迫万分。

也因为我同吼叫的搏斗上升到这样一个新水平而窘迫万分。

我为我刚才的冲动爆发向卢克表示歉意，然后转过身对着我的孩子们说："我很抱歉。我非常爱你们。妈咪刚才犯了个错误，那不是处理沮丧情绪的正确方式。"我迷迷糊糊地好不容易熬过剩下的那一天。我表面上跟我的孩子们待在一起，但我的精神却没有，来来回回，不是想着我那时有多尴尬多失望，就是在琢磨我是怎么放任事情发展到这个程度的。在不断的思前想后中，我产生了一个伟大的顿悟，因此改变了我的生活。

> 我的孩子是我的观众——我最重要的观众，一直都在我身边的观众。他们才是真正重要的人。他们才是我热烈深爱的人，是每天观察我，每天学习我，每天希望得到我关爱的人！

我意识到在那九个月里，那些工人基本上是和我们住在一起的，尽管我当时怀着孕，荷尔蒙增加，格外的疲惫和紧张，但我吼叫的次数却是可怕到寥寥无几。因为我感觉身边好像有一个观众，一个我想要给他留下良好印象的观众。我用尽我的每一滴精力和自控力，确保我不会大吼，因为我想表现得像一个伟大的、慈爱的、冷静的、有耐心的母亲。我成功地做到了。为什么呢？简单来说，是因为我对别人的评价有恐惧情结。我害怕工人们离开的时候对我有一个糟糕的印象。然后我的顿悟来了——我还意识到，另一方面，我一个人的时候，没有观众，也没有来自同事、邻居或朋友潜在的评价，我就会花费少得多的精力去自我控制，去保持镇静，我就会无所顾忌、更加频繁地朝孩子们大吼，这样真是不进反退！

我的孩子是我的观众——我最重要的观众，一直都在我身边的观众。他们才是真正重要的人。他们才是我热烈深爱的人，是每天观察我，每天学习我，每天希望得到我关爱的人！在他们面前，我不仅仅想要表现得慈爱、有耐心、不吼不叫，我是想真正成为这样一个人，为了我的孩子们。他们值得我付出足够的努力来控制自己，就像我在杂货铺、在咖啡馆、在公园、在任何室外的地方所能做到的那样。比起陌生人，我的孩子们如何看待我要重要得多。就是这样。我不想让我的孩子们认为我是一个尖叫、愤怒、刻薄又可怕的妈妈。我想成为他们眼中慈爱、有耐心、严厉但亲切的母亲。我想要他们在评价我时这样说："我妈咪是世界上最最好的妈妈！"我不想让他们认为我是一个"恶毒的女巫"，也不想让他们产生这样的想法："当你朝我大吼的时候，让我觉得你再也不爱我了"，确实有人对我说过这样的话。

我的顿悟并没有就此结束，它在延续，就像以前我吼叫起来就停不下来一样，但在这种情况下，这种延续却是件好事！在那一刻，我有点儿觉得仿佛身在电影《阿波罗13号》(Apollo 13)[2]中一样。在电影中，美国国家航空航天局（NASA）局长对基恩·克兰茨[3]说："这可能是美国航空航天局有史以来遇到过的最严重的灾难了。"基恩回答道："局长，恕我直言，我认为这是我们最光荣的时刻。"

> 我意识到，我所谓的灾难实际上并不是灾难，而是一个机遇，一个承认自己需要做出改变的机遇，一个承认自己再也不能接受"吼叫尚可"这个想法的机遇。

一开始，当我在大吼大叫被我们的勤杂工抓了个现行时，我觉得那是我个人有生以来遇到过的最可怕的灾难之一。有生以来！但后来，就像基恩那样，我意识到，我所谓的灾难实际上并不是灾难，而是一个机遇，一个承认自己需要做出改变的机遇，一个承认自己再也不能接受"吼叫尚可"这个想法的机遇，更是一个比以往任何时候都大力督促自己的机遇，督促自己去改变，停止吼叫，与我的几个儿子共度更加美好的时光。

我已经准备好做出改变了。我需要做出改变。

那个令人窘迫、尴尬万分的时刻一定是，而且必将是最后一次。当然，从某种意义上说情况还算不错，因为我的孩子们没有躲在角落里哭泣，没有哭着从我身边跑开，也没有用恐惧的眼神盯着我。这是运气，却不常有。而且当他们给予我温和的回应时，我的吼叫却并没有缓和。这真是过分，太过分了，充斥着满满的恶意，恐吓也伤害到了孩子的感情。为什么？为什么我当时竟会想那样做？我爱我的孩子们，我自然不想让他们害怕我。我不想吓坏他们！

没错！不能再吼叫了。是的！我必须做出改变。

我知道我可以改变的。

我是说，我清楚地知道该如何控制自己不去吼叫，因为我在家就这样做了将近九个月，而且我每天在公共场所都是这样做的。不光认识到这一点，我还顿悟到孩子们是我最重要的观众。这两者都激励着我去开启不吼不叫的生活模式，在外面如此，在家里更要如此。被某个我尊敬的人撞见我对孩子大吼大叫，这原本可能会被列入我人生中最糟糕的时刻之一。但却恰恰相反，它最终成为了最好的一个时刻。

在我的生活中，有很多次吼叫我都想收回，但那天早晨的那次，我却不想收回。绝不。对于那次吼叫，我永远都充满感激，因为它督促我开启了少一点吼叫多一点爱的新旅程，而且确确实实也改善了我们整个家庭的生活，让它向着更好的方向发展。

第1天：启示，行动与小建议

橙色犀牛启示

- 我从不在别人面前冲我的孩子们大吼大叫，因为我害怕"我的观众们"会怎么想。
- 然而，事实是，我的孩子们是我最重要的观众。相比别的人，我更在乎的是他们会怎么看我。我希望他们觉得我是一个充满爱心、温和、并不可怕的人。
- 如果在公共场所我能够把持住不吼不叫，那在家我也同样可以做到。

今日行动

- 承认有必要做出改变。
- 写下你经历过的最"灾难性"的吼叫时刻。请描述一下，那一刻你的感受如何？几天以后呢？几个月以后呢？当时你孩子的小脸看起来是什么表情？他们说了什么？现在写下来，你又有什么感受？

_____

_____

_____

- 接受你那个"灾难性"的时刻。告诉自己这不再是你经历过的最糟糕的时刻，而应该是美好的，因为现在牢记它会迫使你承认自己需要做出改变，也会激励你去改变。大声说："我需要改变！不能再冲孩子大吼大叫了！"我知道想起这个"最坏变最好"的时刻会让你感觉不大舒服。尽管如此，但是，当我觉得自己很难保持冷静时，我就会回想那个勤杂工，以及我当时遭受的尴尬和难过。这样做可以帮助我一直倍受鼓舞，因为这样会提醒我当初为什么开始这段旅程，以及为什么需要继续付出艰辛努力，奋斗不止。所以，笃定前行吧，督促自己去捕捉那个时刻（或几个时刻）所有不堪的感受，如此你才能让那个时刻不再让你情绪低落，而是帮助你斗志昂扬！

> 越是在最黑暗的时候，我们越是要专注于寻找光亮。
>
> ——亚里士多德·奥纳西斯

今日小建议

冷静	**橙色犀牛最喜欢：**把你孩子刚出生时的照片贴在容易出现问题的地方，不仅能够告知自己孩子有多脆弱，也会让你转而使用温和的话语。
燥热	假装电视机那里有一台隐藏的摄像机;让惧怕别人评价的心理来创造奇迹。
火爆	唱出你的情绪。我最喜欢什么？"我想大吼大叫——啦——啦——啦——啦啦啦！"唱歌有意想不到的效果，可以吸引孩子们的注意力，也可以帮助我放松。

我儿子刚出生时的照片弥足珍贵，当我怒气冲天时，它会强迫我停下来，慢下来，然后微笑，完完全全温暖我的心窝，并将吼叫压下来。

第 1 章　轻松进入改变　　15

第2天
寻求别人的支持：
帮助，对身体有益

　　我承认。在我们家，是我教会了孩子们骂人。当然，我绝对不是故意的。我并不是一起床就对自己说："好，今天我教孩子们说完'请'后，我还要教他们说'该死的'。"只是在有小孩之前，我的嘴总像晕船似的口无遮拦，也可以说是满嘴污言秽语，又或者随便你们想怎么描述我这张嘴都行，我这张嘴随随便便张口就骂，把骂人当成是表达极度不满或失望情绪的手段。我知道，我并不想把孩子们培养成使用这些污秽话语的人，所以，早在我生下第一个儿子后，我就开始十分努力地控制自己不要骂人。即便如此，骂人的话也会如我预料的那样时不时地冒出来，而且不是悄声低语，也不是小声咕哝。

　　结果就是，因为这样的无心之失，我教会了孩子们一些由四个字母组成的单词（译注：英语中许多骂人的单词都是四个字母组成的，比如 shit、fuck、damn 等等），而这些单词本不应该出现在他们的字典里。唉，我并不以此为傲。但是，让我骄傲的是，从每个孩子开始呀呀学语时，我就一直有意识地教给他们一个由四个字母组成的单词：help（帮助）。

　　Help：我告诉我的孩子们，如果不知道这个由四个字母组成的单词，他们可能无法生存。

　　Help：我鼓励我的孩子们，不论何时，当他们陷入困境时，每天都要用这个由四个字母组成的单词。

　　Help：我通过帮助别人，以身作则地教我的孩子们这个由四个字母组成的单词。

　　Help：我似乎并不理解，不接受，也不为自己而使用这个由四个字母组成的单词。

　　是这样的！每天，每当其中一个孩子因为艺术设计而感到挫折沮丧，因为字谜游戏而生气，因为没能完成一项任务而抓狂，或者因为不知道家庭作业的答案而忐忑不安的时候，我都会看着他的眼睛，对他说："嘿，寻求别人的帮助也是可以的。永远不要害怕寻求帮助，也不要因为寻求帮助而感到难为情，知道吗？"

我是说真的。我是真的真的在说真的。可我却是最不愿意为自己寻求帮助的人。我觉得我大概是对寻求帮助过敏吧！真的。在我的第四个儿子出生后不久，我坐在幼儿园的返校典礼上，有人就曾问我是否需要帮忙，大概是看到我带着四个五岁以下的孩子，而且麦克才只一个月大吧！我还没开口，在那个屋子里的我的两个朋友就异口同声地回答："不用烦此一问了。她是不会接受帮助的。"

> 我不可能做得面面俱到，但是我能做到的是咽下我的骄傲，并意识到寻求帮助并不是无能的表现，而是强大的象征。

她们说得对。当时，我是不会接受别人帮助的，因为我不喜欢那样。我不喜欢向别人寻求帮助，我也不喜欢得到帮助。我并不确定这是因为什么；这很蠢，真的很蠢。我并不介意帮助别人，我可以毫不犹豫地去那样做；我喜欢帮助别人。我只是不喜欢被别人帮助。出于某种原因，这会让我感到窘迫、紧张和无能。在那么多人似乎都能从容优雅地处理一切时，我担心如果自己不能独自担起所有，别人就会说我是一个"不够合格的妈妈"。我担心人们会这样想："如果她自己做不来，干吗要生这么多孩子？"或者"如果她太忙而不能给予同样的回报，那她为什么要接受别人的帮助？那样她也太自私了吧"。

或许最重要的是，如果我寻求别人的帮助，我担心会对自己失望。由于某些荒谬可笑的原因，我觉得我必须向自己也向这个世界证明，我可以不靠任何帮助独自抚育四个孩子。

但是，猜猜怎么样？我做不到。我不可能做得面面俱到，但是我能做到的是咽下我的骄傲，并意识到寻求帮助并不是无能的表现，而是强大的象征。它标志着我知道自己需要什么样的支持，让我的孩子们生活得更宁静、更丰富、更美好。在我生下我的第三个儿子安德鲁之后，我很快意识到，在周一到周五我丈夫上班不在家的日子里，在距离大家庭重聚还有四个小时的时候，我不仅仅需要帮助，我还需要真正接受他人的帮助！我尽了最大努力；我找了一个短时保姆，而且在我分身乏术或犯了胃病，我的朋友们主动提出要帮我接送孩子时，我更常说的是"好啊"。确实，要我接受帮助仍然是件很困难的事，即使是

第 1 章 轻松进入改变　17

在我被一块苏打饼干噎住，急需要别人帮助的时候。啊，我简直太固执了！

很显然，在我的第四个孩子降临的时候，我仍旧没有在寻求帮助和接受帮助方面取得进步。事实上，我反倒退步了。我依然固执地想要独自完成一切。我很少劳烦保姆，也只有在紧急状况下我才会接受别人伸出的援手。我的朋友们说看到我如此艰难地挣扎，她们很心疼，只要我简简单单地说一句"可以帮帮我吗"，我就能很轻易地得到回应。

我知道我的思想倒退了。我从没有以身作则为我的孩子们树立榜样，又怎能期望我可以真正教会他们寻求帮助是无可厚非的呢？是的，我一直在教育他们要自给自足，做事要独立自主，这些都是很基本且重要的能力。但与此同时，我还想告诉他们，寻求帮助是一项很基本的技能。为什么呢？因为总有一些事是你无法独自解决的，又或许你可以解决，但那样会困难得多。为什么要让本就困难的事情变得更加困难重重呢？

比如，就像学着少些吼叫一样。

我知道要想学着少些吼叫，我就需要得到别人的帮助和支持，而且在寻求别人的帮助和支持时，我不再感到恐惧和难为情。我猜是橙色犀牛挑战的艰巨性让我直观地知道，单靠自己我是无法成功的，因为这个挑战乍看起来就十分困难、遥不可及。

在我决定要开始橙色犀牛挑战的那一刻，我就给我的丈夫、妈妈，还有两个当地的朋友发了邮件。我这样告诉他们："嗨，我打算努力尝试并做到一年内不吼不叫。不过，在这个过程中我每走一步，都将需要你们的帮助，帮助我坚持下去。请帮帮我好吗？发短信告诉我不要吼叫可以吗？打电话来问候我可以吗？写信提醒我做出的承诺可以吗？允许我朝你们大吼大叫可以吗？只是……开玩笑的啦。"

你们猜怎么着？他们都不假思索、不带评判地回答我说："好啊，我们当然会帮助你了。"不过，确实有几个人对我说"你疯了吗？"，但他们很快又补充道："但是棒极了，干得漂亮！"

后来我把这件事贴在了我的脸书上，并告诉了每一个我在网上结识的人，是真的！对啊，我是稍微加大了些力度来获取帮助，这样我将必须对这一大群人负责。谁当时能想到会是这样呢？！我认识的那个十分顽固，坚持说"我不要帮助"的人哪去了？我才刚刚开始橙色犀牛挑战，它就已经开始改变我了！

在这段旅程中，我迈出的最伟大的一步就是向他人寻求帮助，此后我还发现，每当困难时期，我向别人寻求帮助的时候，来自四面八方的人们就会告诉我要坚持、不放弃、勇往直前。拥有他人的支持，是这次挑战过程中十分重要的一部分。在网络世界里，有数不清类似这样的留言："救命啊！他们再互相打闹一下，我就要疯透了！"或者"现在才早上6点50分，我已经至少五次忍不住想要大叫了。啊啊啊啊！"在我的支持网络中，也有着同样多的留言，但说的却是"坚持下去。"、"别放弃！"，还有"你可以做到的！"。从别人那里获取力量和支持，不仅能帮我按捺住即将出口的吼叫，也减轻了我的压力。

我相信靠我自己一个人承担起少些吼叫的重任是可行的。但我也相信，不！我确定，如果没有那些相信我和为我加油鼓劲的人们的帮助，我就不会这么迅速、这么容易地学会少些吼叫。

第 2 天：启示，行动与小建议

橙色犀牛启示
- 寻求帮助并不是坏事，而是好事。它并不会让我变得软弱无能，却可以让我变得坚强。
- 同别人分享我的故事给予我力量，因为它帮我看清我并不是唯一一个苦苦挣扎的人。

今日行动
- **建立个性化的支持网络。**至少要求一个人担当下面的每一个角色。备注：这些人不一定非要是从不对孩子大吼大叫的人，但他们要相信你，支持你，也支持你的承诺。就像奥普拉·温弗瑞[5]曾说过的："和那些可以让你提升自己的人在一起。"那些断言你不可能学会少些吼叫的人，绝对不要相信他们，一分钟也不要相信，因为你可以做到，而且你一定会做到的！

  1. **鼓励士气的人**：在你想放弃的时候，可以向他们倾诉的人，他们会告诉你不要放弃，你是可以的，告诉你要牢记一开始你是因为什么而开始橙色犀牛挑战。有可能成为为你鼓励士气的人：爱人、好朋友、父母或任何你信赖的人。

  2. **喜欢发短信或推特的人**：那些时刻跟手机捆在一起的人，在你有想要大吼的冲动时，可以随时联系他们。最好选择跟你处在同一时间和空间，并有着大致相同育儿计划的人，要保证他们可以随时尽快地回复你，支持你，并告诉你"你能做到的！"。

  3. **孩子**：这个就不必解释了，我觉得你们都知道是谁！是的，我把我的计划告诉了我的几个孩子，这部分我将在第 3 天写到。

- **把你"从最糟变最好"的故事讲给你的支持网络。**对于这个故事，以及你是如何下定决心要改变的，你讲述得越是频繁，就越会激励你努力去改变，支持你的人也就会越多！感觉不舒服？那是肯定的。是否值得呢？当然值得了。

  如果你像我一样，看完上面的心得后你可能会想："等等，拥有别人的支持就意味着要告诉别人我需要支持，也就是说要把'我吼叫太多'这个问题变成一个更公开的事实，可我不想这样做啊。"我懂的。寻求别人的支持可能并没有那么容易，但是，再相信我一次：你需要别人的支持，而且向别人诉说非常有必要。分享我的挑战让我变得更加负责任，这是因为，每当我遇到支持网络中的某个人，或与他/她交谈时，他/她就会问起我的橙色犀牛挑战进行得怎么样，这尤其会让我专注自己的既定目标。

你一定能做到，但如果你不独自一人去做，会更容易一些。

——贝蒂·福特[6]

今日小建议

冷静	设置你的手机，每隔三十分钟就提醒你不要大吼大叫；这样可能会很烦人，但很有用！
燥热	做俯卧撑吧，而不是喊一些贬低对方的难听话！运动可以释放出内啡肽（或者类似的物质），帮助你冷静下来。额外的好处嘛？手臂会更加的好看呀！
火爆	一遍一遍重复说"我爱你"。当你意识到你有多么爱某个人的时候，就很难对他大吼大叫了。

做个俯卧撑，这样你就不用非得说一些贬低对方的难听话了。

第 1 章 轻松进入改变　21

第3天
让孩子帮助你：
橙色犀牛游戏

别人经常问我："所以，你是试了多少次才做到连续365天不吼不叫的？你到底重新开始了多少次呢？"我"确信"是十次吧，当然这取决于我是怎么算的。多亏了第一天的成功带给我的兴奋感，还有来自他人的支持，以及想要向人们证明我可以的坚定决心，我才在第一次正式尝试橙色犀牛挑战的时候创下了一连八天的记录。自那以后，我整整尝试了八次，才又成功完成一个整天的胜利。这特别像电影《土拨鼠之日》(*Groundhog Day*)[7]……使人十分十分沮丧。

我早上醒来，告诉自己我能行。接着我就会因为前一天的吼叫而感到沮丧，再是激动不已，因为件极小的事情而火冒三丈，再然后我就会，嘭——大吼。接着我就会灰心丧气地去睡觉，然后再醒来，告诉自己我可以的。回想到前一天的吼叫又是深感沮丧，再是激动不已，因为件极小的事情而火冒三丈，再然后我就会，嘭——大吼。然后……咳，你们懂我的意思了吧。一连八天啊！太悲惨了。简直痛不欲生。在第六场的第一天，我曾在我的博客中这样写道：

"所以啊，詹姆斯，你看我不吼不叫做得怎么样？"

"不好。糟透了。几天前你才朝我吼过，还有几分钟前也吼了。"

是啊，这个总结简直精确万分。我不知道自从上周以来到底发生了什么。上周我整整坚持了八天。而且我感觉很好，简直棒极了。对于你们这些不吼不叫的人来说，我知道你们一定在边笑边想，八天不值一提，太容易了。但是对我来说，这却是很困难的，起码在一开始的时候是这样。第一天的时候累到精疲力尽，我记得那一天结束后我爬到床上，对我丈夫说："哇，一天没吼，我感觉非常好，但是我快累死了。"

需要调动身体的每一块骨头我才能坚持下来，才能找到我内心中幼儿教师般的声音：说话轻柔慈爱，又能得到尊重与回馈的声音。但不管怎么样我做到了。整整一个星期，我都做到了。每结束不吼不叫的一天，我就更受鼓舞，再做起来也觉得更加容易。这种感觉太不可思议了。我感受到一种我多年来从未感受过的能量。在兴奋和刺激中，我欣喜若狂难以平静。

然而，就像我五岁的儿子刚刚说到的，现在我在不吼不叫这件事上做得太差劲了。

尽管现在距离我不能回归正轨的那个星期已经差不多三年了，但我仍然记得当时的感受，就好像发生在昨天一样。噢，唉，我当时萎靡不振、十分绝望！我就是打不起精神！我吼叫的次数甚至比开始橙色犀牛挑战之前还要多……这完全是我自作自受啊。我给自己施加了太多的压力，一心想要成功，以至于在每一个艰难的时刻我就要土崩瓦解了。我感到特别气馁，因此不要说一天，甚至连半天我都坚持不下来，我也就越来越不愿意去尝试了。我的艰难挣扎更是让我觉得尴尬万分，所以我想我应该退出，还能保留一些面子。

然后当我准备好要退出的时候，突然奇迹般地不知道从哪儿冒出来一个念头，后来事实证明，这个念头不仅是我产生过的最棒的想法之一，也是我整个挑战过程的可取之处。这个奇迹般的时刻就发生在第六场的第一天。就在我的儿子告诉我我吼叫得多厉害之后，我看着我的孩子们，说："**我需要帮助。每当你们看到我变得暴躁不安、心烦意乱，或马上要大声吼叫的时候，我需要你们喊'橙色犀牛'。**让我们来试一次。我要朝你们大吼了，不过是假装的，没有关系的。这次不算数的啊！"

"啊，我的天呐！你竟然又把牛奶弄撒了！"

"橙色犀牛！橙色犀牛！橙色犀牛！"詹姆斯和爱德华满脸带笑地大声叫喊着，他们兴高采烈，我几乎只能大吼才让他们停了下来。他们喜欢玩游戏，特别喜欢！可是事实上，让我失望的是，他们最喜欢的游戏之一是互相大喊彼此的绰号，而他们最喜欢的名字有白痴、臭屁屁、臭脸、蠢样和鼻涕虫。真是迷人又有爱，是哈？！但是说真的，我不知道为什么在那之前我竟然从没想到过可以好好利用他们最爱的游戏！

"橙色犀牛"很快就变成了家里新的最受喜爱的游戏，不仅仅因为这个游戏

> 我吼叫的次数甚至比开始橙色犀牛挑战之前还要多……这完全是我自作自受啊。我给自己施加了太多的压力，一心想要成功，以至于在每一个艰难的时刻我就要土崩瓦解了。

第 1 章 轻松进入改变

玩得很多（呃呃，在它刚被设计出来的头两个星期，至少一个小时一次吧），也因为我们各自出于不同的原因都喜欢这个游戏。我的孩子们喜欢，是因为在出现"行为不端"的时候，这个游戏允许他们"大声喝止我"，就像我对他们那样，当然了，也因为这个游戏可以阻止我大吼大叫。而我喜欢是因为我的孩子们特别擅长这个游戏，而且它真的可以在紧张的时刻帮助我停止叫喊。

我当时认为，作为一个如此"经验丰富"的吼叫者，我已经是专家了，可以预测我什么时候快要大吼，也知晓该何时让自己脱离困境。唉，明显我不是啊。但我的孩子们是。在预测我大喊的时候，不论过去或将来，他们都绝对是专家。就像他们拥有第六感，知道我在什么时候需要一个拥抱或亲吻才能心情好些，他们也知道什么时候我快把事情搞砸了。我相信我的眼睛一定开始瞪大，眉毛开始上挑，双脚也开始乱跺乱踩。我相信还有更多其他征兆，甚至只有我的孩子们能够看懂的征兆，因为只有他们才能真正看到并见证这些。这也是为什么他们才是帮助我停止吼叫的最佳人选的原因。

如果你之前告诉我说，我的孩子将会是让我最终停止吼叫的最大的帮助，我是不会相信你的。我的孩子，可以帮助我停止吼叫？你是说逼得我大吼的人？我想说，确实，他们是激励我停止吼叫的动力，看着他们、看着他们美丽的小脸理应可以让我停下来。但遗憾的是，有时事情并非如此。哦，哦！但每当他们说出："橙色犀牛，妈咪！"我就会完全停下来。每！一！次！这是一个双重的打击——他们可爱的小脸让我想起我的承诺，而他们不变的笑脸将会激励我，有时他们绝望的喊声也会提醒我，要冷静下来，要带着爱意说话，而不是满腔的愤怒。

我一直期望我可以在生活中给予我的孩子们帮助，帮助他们遵循计划实现目标。但我却万万没想过他们会帮助我完成目标，尤其是在那么小的年纪。然而，此时此刻，我相信我绝大部分的成功都应该归功于我的孩子，以及他们对橙色犀牛游戏的热情拥护。我还相信当别人问起我"你有没有告诉你的孩子？你认为他们应该知道吗？"一声响亮的肯定是绝对正确的回答；

> 过去有人曾经问过我，要是教给孩子说"橙色犀牛"，会不会导致他们过度使用这个词，并且利用这个有利条件，比如，他们会说："当我们特别淘气的时候我们就说'橙色犀牛'，这样妈咪就不能朝我们大吼，我

们就不会有麻烦了。"至于我的回答？是的，确实有几次他们想这样耍花样！而且，是的，我也没有大吼。但那并不意味着我对他们的行为放任不管了。绝不是。即使没有吼叫，我还是向他们清楚地讲明了他们的行为是不可接受的，我依然对他们的表现不佳而生气。我也提醒了他们，橙色犀牛游戏的目的是为了帮助我不再吼叫，同时对他们也有好处；要想达到这个目的，他们就必须合理地使用这个词。

第3天：启示，行动与小建议

橙色犀牛启示

- 我的孩子们一直围绕在我身边；他们是出色的、随用随在的支援团！而且他们拥有绝佳的视角，可以注意到我即将大吼的任何可见的迹象。
- 向我的孩子们寻求帮助，并不会有损我为人父母的角色定位。这样不仅可以教会他们如何向他人寻求帮助，还可以逐渐灌输给他们权力感和自信心，这是所有孩子都需要的。

今日行动

- 教给你的孩子橙色犀牛游戏。问问你的孩子是否能不假思索地辨认出你即将大吼前的视觉信号。问问他们这些信号是什么样的。练习大吼，并让他们在看到这些信号之后对你喊"橙色犀牛"。
- 做一个橙色犀牛的指示牌。从封皮上剪下一只大的橙色犀牛，把你自己的励志口号写在上面，再用胶带把它粘在一个任意种类的棒子上（比如冰棍棒、筷子或者烤肉叉）。把它放在每个人都能看到的地方，训练孩子在需要喊出"橙色犀牛"的时候把它抓住并举在手上。

> 父母的存在就是去教孩子，但他们也必须知道孩子也会教他们，而且孩子会教给他们很多东西。
>
> ——阿诺德·本涅特[8]

今日小建议

冷静	大声说出你对你的孩子积极的想法；这样可以迫使你去关注他们良好的行为，进一步激励孩子们表现得更好。
燥热	拥抱你内心的导师。可以说"1,2,3，看我"，或者按响门铃。
火爆	鼓掌；如果你很生气，而且你自己意识到了，就拍手鼓掌！这是很好的减压方式。

爱德华特别喜欢这种指示牌，所以他坚持要求我制作了好多个：一个放在厨房，一个放在孩子们的卫生间，一个放在我的卧室，还有很多很多很多！

第1章 轻松进入改变 27

第4天
练习"避开"孩子吼叫：
我喜欢冲到洗手间吼叫

在完全不知道我该如何做到不吼不叫的情况下，我就开始了橙色犀牛挑战。我是说，我很明白我将需要更多的耐心才能坚持到底，需要更多的睡眠才能获得这些耐心，在一天结束的时候我将需要更多的冰激凌才能使自己解脱，从想要变得更有耐心的所有压力中解放出来。但除此之外，我不知道如何才能真正地停止吼叫。我的意思是，当我感到沮丧的时候，吼叫几乎已经成了一种自然的本能。但讽刺的是，事实证明虽然我的身体如此理所当然地吼叫了这么多次，但它也为了停止吼叫自然而然地迈出了小小的第一步。

那是橙色犀牛计划内一个普通的早晨。我的孩子们睡完懒觉，在没被要求前就整理好他们的床铺，穿好衣服，刷好牙，然后悄悄地踮着脚尖溜进我的房间来叫醒我，还给我带来了我睡着时精灵们做好的早餐和咖啡。再后来，他们平静地在一块玩耍，相安无事。嗯，不错。简直棒极了。

当然，再然后我就醒了，意识到我是在做梦，也意识到这真的是一个橙色犀牛计划内普通的早晨，只不过是经过我前一天晚上熬夜大扫除之后的早晨。哈！我开玩笑的啦！我熬夜是因为上网看了一些最新的名人八卦，但这就导致我第二天早晨十分疲惫，不想起床，一点都不想！那天早晨5点半我的闹铃就响了，就是为了确保我可以起床、洗澡、清醒头脑，然后为一天的开始做好准备。而我非但没有起床，还用尽力气拍掉闹钟，倒头又睡下了。不智之举，太失败了；对于我刚开始不久的不吼不叫的挑战来说，以这样的方式开启新一天真是糟糕。

如果说在我的孩子们一拥而入，说完"早上好"又七嘴八舌地乱嚷"我的玩具！""他打坏了我的乐高！""今天是不是周末？我不想上学"之后，我还没有完全清醒，也没有充满活力的话，那我的耐心也肯定没有完全觉醒。这样说的话，不是我想要大吼，而是我对喧闹的忍耐力和我应付十万个为什么的欲望，以及我处理那天早晨混乱场面的能力全都没有觉醒！

所以那天早晨，当我那三个精力充沛、大声喧闹的孩子跑进我的房间，满脸"我们睡够了我们完全清醒了"的表情，来叫醒他们的妈妈，并且伴随着一阵疾风暴雨般的抱怨、问题、担忧和大声叫好声时,我特别想说"我没有睡够,我还很困",所以我就回答他们:"妈咪今天早上还没准备好当妈妈。我要回去睡一会儿。"

好像我一定要睡回笼觉似的!他们猛扑到床上,把我的耐心、忍耐力和应对技能一点点都推向沉睡状态。恰好在这个时候,我从监听器里听到麦克在哭,这我便不得不起床,沿着走廊跟跟跄跄地跑过去抱起他。我睡眼惺忪地给他穿好衣服,而他的哥哥们就在走廊里跑来跑去,表现着他们有多清醒,也证明着我有多想回去睡觉,去继续那个安静早晨的美梦。然后我沿着走廊原路返回,给自己穿衣打扮。

正当我挑选当天要穿的衣服,而麦克就在我脚边玩耍时,我想起了我的橙色犀牛挑战。我提醒自己必须坚持到底,要赶快清醒过来,不然就有可能在7点的钟声响起之前对第三天说拜拜了。然后我就意识到,"赶快"还是不够迅速啊。

六只脚沿着走廊雷厉风行地跺进我的房间,六只流泪的眼睛齐刷刷地望向我,三只手在空中挥舞着指来指去,还有三张嘴在声嘶力竭地大喊:"妈!!!妈咪!!妈妈!"

"他打我!"

"他先打的我!"

"喔。喔!"

对于我仍处在半睡半醒状态的大脑来说,这种程度的尖叫争吵早已超出我所能承受的范围。因此我一点都不想处理这个状况,我只想大吼:"走开!安静!求你们了!"但我还没来得及这样做,甚至不知道自己当时是怎么想的,我就已经转过身,把头钻进挂着的衣服里,然后发出一声有力又老套的吼声。

"啊啊啊……!"我大声喊。

"呀!坏了!"我心里立刻就想到,"我刚才绝对是大吼了。这个算不算数?我的意思是,虽然我没有朝着孩子们大吼,但我确实吼了。不过我没有喊一些刻薄难听的话,我只是撒了撒气而已。我做得还算不错,对吧?"

我缓慢又紧张地把目光从我十岁儿子的毛衣套装上移开,扭头看向我的孩子们,特别害怕看到他们的反应。我知道如果他们看上去一脸惊恐,或号啕大哭,或开口控诉我刚才有多可怕的话,那我就是把事情搞砸了。我当时特别拼命地努力不吼,而且我已经坚持了两天。我感到特别自豪,只是我还没准备好体验失败和失望。

当时每个人都停止了叫喊,他们就只是盯着我,目不转睛地盯着我看。

爱德华首先开口说:"妈咪,刚才那样太傻了。你就那样把头伸进衣柜里,朝你的衣服大吼大叫呀!"

接下来就是我。"呃,孩子们,我刚才大吼了没?那我需要从头来过吗?"我特别紧张地这样问。

我最严谨、最有逻辑性的孩子,詹姆斯,把他的手指放在下巴上,一边抖动着嘴唇,一边眼球滴溜溜乱转,他这副表情就表明他正在思考。"咳咳,妈……"他才刚一开口我就想"噢,不妙。"

"不需要,你做得很好。你并没有朝我们吼叫,你是朝你的衣服吼了,这没关系的。"

"耶,耶!"爱德华还在一旁插嘴附和。

"但是我有没有伤害到你们的感情?我有没有吓到你们?"我又很认真地问他们。因为无论过去还是将来,这两条都是我之所以要停止吼叫的重要原因。我无非是不想再吓到我的孩子,也不想有意地伤害到他们的感情。

"没有啊。你反倒把我逗笑了呢。"爱德华笑着说。

"你确定?"我恳求着再问。尽管我觉得我所做的没什么大不了,我并不是有意的,也不是针对他们,确实只是以一种可控的方式撒了撒气而已,所以并不会造成伤害,但我还是想听听他们的意见。再强调一次,说到底,我的孩子们才是我的观众。他们是最出色,也是最重要的判官。

詹姆斯宽慰人心的几句话打断了我自我怀疑的想法,他斩钉截铁地说:"我们完全确定,妈妈。你知道的,我们是橙色犀牛警察呀。我们会观察你,看你有没有违法。现在我们说了你做得很好。"

就这样,橙色犀牛警察诞生了,而我也被无罪释放。

就这样,他们一阵风似地跑去了地下室,就像他们跑进来时那样,嘴里还一边喊着"我们来穿上警察制服,戴上警察徽章吧!"

就这样，我完全清醒了——不是被他们的叫嚷和打闹惊醒，也不是被自己的"吼叫"惊醒，而是我发现自己笑到根本停不下来。我只是很开心看到他们如此热衷于橙色犀牛的挑战，以及他们很努力想要给我支持的表现。

我也很高兴自己发现了一个控制吼叫的新方法：要是我已经错过能停下来的时机，那就——对着一个无生命的物体发泄，而不要对着孩子。当我感觉我快要吼叫的时候，我可以转身对着衣柜或者垃圾桶、冰箱、抽屉甚至包包大喊"呀呀呀！"或"啊啊啊！"。没有生命的物品没有感情，但孩子有。如果我朝衣服大吼大叫，它们不会哭，可我的孩子会。如果我冲冰箱里的华夫饼大吼大叫，它们不会害怕，可我的孩子会。如果我冲到洗手间里大吼大叫，它不会对我尖叫着说"你是世界上最坏的人！"，可我的孩子会。

我并没有说难听刻薄的话，只是发泄了一些懊恼。我这样实践了几天，也一直被孩子们嘲笑说我竟然对着衣服吼叫之后，我才意识到我真的可以控制自己了。那下一步要做的就是不再喊"啊"了。**我在控制如何引导吼叫的方面越是勤加练习，就越是了解该怎样让自己冷静下来**，不至于非得大吼大叫。真的是这样的，就像英国足球运动员博比·罗布森[9]曾说过的那样："熟更难改。"（顺便说一下，这句话我不喜欢说成"熟能生巧"。谁需要十全十美呢？！）

> 没有生命的物品没有感情，但孩子有。如果我朝衣服大吼大叫，它们不会哭，可我的孩子会。如果我冲冰箱里的华夫饼大吼大叫，它们不会害怕，可我的孩子会。如果我冲到洗手间里大吼大叫，它不会对我尖叫着说"你是世界上最坏的人！"，可我的孩子会。

是呀，我知道这听起来既疯狂，又愚蠢，还非常可笑。但这个方法在那天早晨确实奏效了，而且在刚开始的那段日子里，在我还在学习怎样做到不吼不叫，怎样识别出酝酿之中的吼叫并及时加以制止，以及怎样在一整天中保持冷静时，它都不止一次起到了重要的作用，因此，再经历类似那天早晨的场面时，我才没有被逼到只能靠吼叫才能感觉好些的地步。

而且，在任何情况下我都宁愿对着马桶吼叫，而不是朝我的孩子们大吼。更确切地说，如果马桶里没有充斥着小便的刺鼻气味，或是漂浮着没有被冲走的秽物的话。是呀，在那样的环境下，做（大吼）这种事，太恶心了！当时我特别急于冲进卫生间去大吼,以至于我在低下头之前忘了先看一看。呕!但是,嘿,我并没有忘记阻止自己,没有忘记远离我的孩子们和那个令人愤怒的时刻,避开他们再吼叫,所以我做得还是不错的。我冲走了所有的垃圾——既是字面义也是象征义——然后焕然一新地从卫生间里走出去。我脸上有些恶心的东西特别像大便?好吧。但这并没有恶心到我,没有让我放弃坚持。噢耶!

第 4 天：启示，行动与小建议

橙色犀牛启示
- 我不能时时约束孩子们的行为，但我可以选择随时控制自己的反应。
- 我可以随时选择走开、深呼吸，或者对着马桶吼叫，而不是朝孩子大吼。
- 婴儿般的一小步是前进中的一大步；转身避开再吼叫可能起初感觉愚蠢又无关紧要，但这小小的一步却给人的行为带来了巨大的、180 度的大转变。

今日行动
- 练习转身。即使你仍会说漏嘴吼叫，即使你吼出来的还是凶言凶语，但能背过身也是一种进步。转过身可以阻止你的凶言凶语直接从你的嘴中进入你孩子的眼里和心里。如果可以，在你转过身的时候，寻找一个不起眼的无生命物体对它吼叫。这个方法的优势有：(a) 它很搞笑，可以分散孩子们的注意力；(b) 它可以帮助你重新控制自己；(c) 它给你提供了另一个发泄懊恼的方式。
- 统计一下你不得不转过身吼叫的次数。为什么呢？首先，这是决定改变势在必行的开山先锋和内驱力。其次，这是衡量进程的很好方式！在读到这本书末尾的时候，你可以再统计一次，对比看看你减少了多少吼叫！

　　我知道有时候朝着马桶或包包吼叫可能看起来很蠢很尴尬，我也完全承认有更好的方法可以发泄懊恼。在适当的时候你总会学到那些方法。但是现在，让我们先来专注于实现这个目标：你能够做到远比自己想象的还要多的自我控制。这样可以给予你急需的自信心，去相信自己可以做到这一切！

千里之行，始于足下。
——老子

第 1 章　轻松进入改变

今日小建议

冷静	一天中轻轻拉动自己的手指，可以缓解紧张；个人意见，有人曾告诉我说中指最能舒缓紧张情绪。哈哈！
燥热	在脸上泼些冷水；可以帮你摆脱不好的情绪。 发一条泄气的短信给朋友，这样你才能保持清醒的头脑，然后传递给孩子一个温暖、充满爱意的讯息。
火爆	朝着衣柜吼叫；记住，衣服没有感情，可孩子是有感情的。

第 5 天
用提示物包围自己：
橙色是新的灰色

我永远不会忘记在我七年级的一天，我曾试图模仿朱丽娅·罗伯茨[10]。我的父母最终允许我看《风月俏佳人》(Pretty Woman) 这部电影，而我一下子就深深爱上了剧中朱丽娅（薇薇安的扮演者）的服装。是的，就是高档别致、做工精细的那件——而不是她穿着，呃，去散步的那件。至于看歌剧时穿的那件红裙子？爱，大爱，爱极了！但我最喜欢的嘛？还是罩在白色衬衫外面的那件黑色西装。我简直爱惨了那件衣服，所以看完电影后的那个周一的早晨，我就偷偷拿了爸爸的一件黑色西装，穿上去学校了。当时天气太冷，已经不适合穿白色 T 恤（而且我觉得我当时还太羞涩，害怕穿白色 T 恤会透出我的内衣，呼！），所以我便配了一件红蓝条纹的高领毛衣。是啊，现在回头再看，那真不是一身时尚的打扮。嗯……我正需要他们的时候，橙色犀牛的时尚警察们在哪呢？哈！不过我不在乎啦。我觉得我看上去美翻了，绝对是走在时尚的前沿。

不过学校里可没人这么认为，至少看起来如此，因为没有一个人说过"嘿，这夹克真帅！"一天很快过去了。你大概不知道吧，学校里最受欢迎的女生竟然穿着高领毛衣和她爸爸的黑色西装来上学了。你更意想不到的是，每个人都对她说她看起来美极了，她这身打扮帅呆了。咳咳，说我前一天也穿着同样的衣服？！不然你以为我是怎么得此殊荣的呢？！日子一天天过得飞快……后来似乎每个女生都穿着各式各样的西装外套来上学了。这是第一次，也是最后一次，我引领了一个时尚潮流（可以这么说吧），当然如果你了解我的话，你就会觉得这几乎是不可能的，更是令人忍俊不禁。

你看，我跟潮流完全是背道而驰。我没有潮流认知和时尚直觉，尤其现在我在家带孩子就更没有了。假如我的牛仔裤没有破洞，还是"正常的"蓝色，我就很幸运了。八年来我一直用着同一条腰带，而且从没打算更换过。我的头发一直梳成辫子，尽管可能只有少女才会梳辫子。我不会佩戴饰品，我也不懂如何搭配装饰，我更是不热衷于逛街买衣服。每次我有事需要盛装打扮的话，我就必须打给一个女性朋友，叫她来为我的手包或整套衣服的搭配出谋划策。我觉得所有这些都无所谓。因为这就是我，紧跟"时尚"对我来说根本不重要。

好吧，更确切地说，是在 2012 年春季之前对我来说不重要。

当我选橙色作为我犀牛标志的颜色时，我之所以选择它只是因为我喜欢它的象征意义——温暖、活力、决心、鼓励、幸福和成功。我选择它并不是希望它将成为流行色；我选择它只是因为它是最适合橙色犀牛挑战的颜色。橙色如此惊人地概括了我想要的以及我需要的东西。我想要变得更温暖、更幸福、更成功。而我需要活力、决心以及鼓励来帮助我达成所愿。瞧！这就是橙色犀牛。

我决定选用橙色的时候刚刚一月底，所以那时候春季的流行色还没有出现。把时间快进几周，你肯定想不到那年的最流行的颜色，满大街随处可见的颜色是什么？是橙色！还有最流行的搭配？是橙色和粉色——正是我的博客的颜色。简直像做梦似的。我去到任何一个地方买东西，不管是卖家居用品（比如橙色隔热垫或者什么？）还是卖春季服装（就像橙色的衬衫、短裤、泳衣、帽子）的地方，橙色都在朝我叫嚣——当然了，友好地叫嚣。橙色完全变成了新的黑色。我也变得时尚起来了，这对我来说真的很重要。但不是因为这样让我变得更酷，而是我的挑战会因此变得更加容易！

为什么会这样说呢？好吧，首先，不管你们是不是认为我疯了，我感觉当时整个世界都在合力支持我、支持我的挑战，这个想法给了我更多的力量。很显然，并不是由于事先预料到了区区的我和我对孩子们的许诺，时尚界才因此计划了整个季度。但是，当我和孩子们一走进商店，看到所到之处的橙色对我加油助威："嘿姑娘，你可以做到的！你的孩子们正在第九走道大发脾气？没关系！往左看，看那些漂亮的橙色、粉色的围巾，或者往右看，右边有橙色的项链。"这种感觉真的妙不可言。

> 我被直观的提示物围绕着，它们提醒我做一个充满爱和温暖的父母，这让我随时保持警觉，并专注于我的目标。

紧随时尚的脚步、目之所及都是橙色的东西，这两者都激励着我把自己置身于直观的橙色提示物的包围之中，来确保自己不会偏离正轨，也让我更加容易地牢记自己的承诺。我只是抵抗不了那些围巾和项链的诱惑，还有那些儿童和成人的橙色衬衫、用来记笔记的橙色钢笔，还有印着"厨房，为爱调味"的超级棒的橙色刮铲。啊，完美！全都太完美了：现在我拥有了一些很棒的小窍门，可以让自己不管在家还是在外都身处橙色之中，都能够牢记自己许下的诺言——要温暖、要慈爱。

我的丈夫可能会说我买的橙色的东西有些太多了。我明显不同意（好吧，我是有点不同意）。但它的效果却是惊人的。当我早晨醒来精神不振时，我就会穿一件橙色衬衫或戴一条橙色项链。如果我的橙色衣服都脏了，或者某一个孩子在那天早晨尤其亢奋的话，我就会给他穿上橙色的衣服。有时候气氛太过低沉，我就会在下楼吃早餐前的五分钟里把每个人都赶回楼上，再换上橙色的衣服。这是真的，我不骗你们。

我更不会骗你们的是，这个方法奏效。确实奏效。我被直观的提示物围绕着，它们提醒我做一个充满爱和温暖的父母，这让我随时保持警觉，并专注于我的目标。特别是橙色的衣服——当你早晨无数次地移动手臂去打开冰箱，而一个长长的橙色物体（也就是我的胳膊）不停在你眼前晃动时，你很难不记起你的承诺。就好像我的衣服在对我说："嗨，夫人，如果只是因为你起晚了而感到慌张，似乎集中不了精神去记住包午饭，也请不要朝你的孩子们吼叫，指责他们'吵吵闹闹'。"

有件事特别有趣，在我丈夫刚开始和我约会的时候，他经常对我说："你还有别的带颜色的衣服吗——你懂的，除了黑色和灰色以外的？"

至于我的回答？"有啊，我有很多深蓝色和白色的衣服，还有一些暗粉色的。但是颜色，你指的颜色是什么？"

"绿色、黄色、橙色，任何颜色。"他说。

嗯，十二年后再看，他说话的腔调就变了。他现在这样问："你还有橙色以外的衣服吗？"

我的回答嘛？"没有，真没有。"

对我来说，橙色就是新兴的黑色，我很喜欢它。我喜欢我大多数的衬衫都是橙色和粉色的，不只是因为反语，或是因为事实证明橙色是非常适合我的颜色，而是因为穿着橙色的衣服真的可以帮助我牢记少些吼叫的承诺。法兰克·辛纳屈[12]说得很对："橙色是最让人感觉幸福的颜色。"看到橙色我不会皱眉，我会微笑，想一想我有多么感激自己能被随处可见的橙色守门人所包围！因为这就是橙色现在正在为我做的——做我迫切需要的守门人。阿拉伯的一句谚语强有力地说明了这个道理："话语应该有三个守门人：是否真实？是否善意？是否必要？"橙色确实提醒了我的大脑要停止，所以我只说真实、善意和必要的话，相反，我也不会对任何事吼叫。

才刚意识到橙色的直观提示物效果有多强大，我就又去很小很小地消费了一次。不过这次我是有目的性的。我去了一家美容商店买了一瓶橙色的指甲油，涂在了我的脚趾甲上。这样洗澡或穿衣服的时候就能看到脚趾上的橙色，难道还有比这更好的方式来开启一天吗？我又去了一个办公用品商店，买了橙色的便利贴，贴在高压地区，比如孩子们的书包上、浴室的镜子上，还有汽车的仪表盘上。

现在，谁知道橙色作为流行色会持续多长时间，谁知道每天用着的提示物品还有多久可以保持唾手可及的橙色。而且谁又知道，可能橙色并不像我认为的那样是潮流色呢。可能它只是我的潮流色，我需要它是因为我要从任何东西、任何来源寻求支持。但值得高兴的是，一旦我认识到了视觉提示物对于阻止我吼叫的强大作用时，我很自然地就开始注意到身边随处可见的橙色的东西，而不只是关注"时尚季度的热点"区域了。

有橙色的食物（比如胡萝卜、橙子、乳酪），橙色的施工牌（像"请慢行"，嗯，这是对生活，对更有耐心地养育子女的绝佳提示物），橙色的商标（邓肯甜甜圈，应该还有别的），还有橙色的叶子和花朵。在孩子们步行去学校途中互相踩踏打闹时，这些都是很好的自然界的提示物。无论过去还是现在，当我需要有东西来提醒自己少些吼多点爱的时候，我所到之地橙色随处都在；因此，橙色绝对是我新的最喜爱的颜色。是的，橙色是我的新的黑色！

或者我应该说，橙色是新的灰色？对，这样讲更言之有理。普通的犀牛——你们知道的，就是被激怒时会横冲直撞的犀牛？是灰色的。我已经做够了灰色的犀牛，凭借自己的吼叫横冲直撞得也够多了；我打算做一只更加镇静的橙色犀牛。对，在很多其他的方面，橙色都是新的灰色！

第5天：启示，行动与小建议

橙色犀牛启示

- 橙色的物体不仅仅充当着可感知的提示物的角色，提醒我曾立下的要变得更温暖的诺言，而且它们可以赐予我某些东西，帮助我集中注意力，所以在想要大吼的时候我才能重新找到平静的感觉。
- 橙色的支持一直都在我周围存在着；我只需要在需要它的时候督促自己去寻找它、探索它。

今日行动

- 至少找到一样橙色的东西当作提示物，阻止你吼叫。建议：衣服、便利贴、培乐多彩泥、美术纸板、或者这本书……如果你有时间、有财力，就考虑在合理范围内买些东西。如果你只能买一样东西的话，我建议是便利贴，因为它经济实惠，而且可以贴在任何地方！
- 把你的橙色物品放在吼叫高发区。最受欢迎的放置地点：卫生间、汽车里的仪表盘、挂书包的地方，还有卧室的门上。如果你真的在用便利贴的话，快给自己写一张：你能行！

我知道橙色并不是每个人都最喜欢的颜色，我也知道有些人真的忍受不了这个颜色。我也有类似那样的感觉，直到我爱上了橙色的象征意义。所以，给橙色一次机会，可能你也会爱上它。而且，我还在事后认识到了，橙色是种极佳的颜色，可以不必苛责以待或是唱白脸，就能够获取孩子们的注意力，而且能够得到关注绝对是我们现在正在努力寻求的东西！

返校夜之后的那个早晨，我：

詹姆斯，我猜不到哪份作业单是你的。我觉得你最喜欢的颜色是红色，但是没有一张作业单是红色的。最后我终于找到你的了，在桌上最下边，但是，什么时候橙色成了你最喜欢的颜色了？

詹姆斯：

噢，我现在喜欢橙色，因为橙色犀牛让你不再大吼大叫了。

今日小建议

冷静		涂橙色的指甲油——手指和脚趾都要涂；这样可以提醒你要温和，要镇静。
燥热		一遍遍告诉自己"我不会吼。我不会吼。我不会吼。"直到想吼的时刻已经过去。
火爆		橙色犀牛最喜欢：拉近你的孩子，并拥抱他们。当我们意见有分歧的时候，我不会和孩子们做拔河的较量，而是来一个爱的抱抱；这样每个人都可以平静下来，转移注意力，还有什么比拥抱你的孩子更能提醒你要减少吼叫呢？

译 注

[1] 克里斯托弗·里夫（Christopher Reeve，1952—2004），知名电影男演员、电影导演、作家。因在电影《超人》中扮演超人而闻名。

[2] 《阿波罗13号》(Apollo 13)，一部取材真实事件的灾难影片，讲述的是1970年4月美国太空船阿波罗13号执行登陆月球任务时遭遇的危险与考验。

[3] 基恩·克兰茨（gene Kranz），是阿波罗13号太空船的飞行主管。

[4] 亚里士多德·奥纳西思（Aristotle Onassis，1906—1975），希腊人，发达于美国，被誉为"希腊船王"，1975年3月，奥纳西斯在巴黎去世的时候，拥有的大小船只约400艘，共700万吨，被载入世界船运史册。

[5] 奥普拉·温弗瑞（Oprah Winfrey，1954—），美国著名脱口秀节目《奥普拉脱口秀》的主持人。

[6] 贝蒂·福特（Betty Ford，1918—），美国前总统杰拉尔德·福特的妻子。

[7] 《土拨鼠之日》(Groundhog Day)，又名《偷天情缘》，讲述的是在传统的土拨鼠日这一天，主人公陷入了一个偷天陷阱，每当他第二天醒来，都是相同的一天：土拨鼠日。在这永恒的一天中，永远都是相同的人与事。

[8] 阿诺德·本涅特（Arnold Bennett，1867—1931），20世纪初英国杰出的现实主义作家，一生著作丰富，尤以小说见长。最重要的代表作是《老妇谭》。

[9] 博比·罗布森（Bobby Robson，1933—2009）前英格兰足球主教练，也是一名退役的英格兰足球运动员。他是英格兰历史上最出色的足球教练之一。

[10] 朱丽娅·罗伯茨（Julia Roberts，1967—）在电影《风月俏佳人》中饰演女主人公薇薇安。

《风月俏佳人》，又名《漂亮女人》、《麻雀变凤凰》，是一部美国浪漫轻喜剧式的爱情电影，也是票房女星朱丽娅·罗伯茨的成名作。

[11] 法兰克·辛纳屈（Frank Sinatra，1915—1998）是美国著名男歌手和奥斯卡奖得奖演员，常被公认为20世纪最优秀的美国流行男歌手。

第 2 章

培养意识

第 6 天：开始跟踪吼叫诱因

第 7 天：对自己诚实

第 8 天：记录越来越想吼叫时的身体征兆

第 9 天：给你的吼叫诱因贴标签

直面你的缺点并承认它们，但不要被它们左右。让它们教会你耐心、美好和真知灼见。

——海伦·凯勒

我主观上倾向于将此章节命名为"大家真的需要阅读，但又不愿意阅读的一章！"我们要讨论学会少一点吼叫的核心部分：跟踪令你吼叫的诱因。呃，我知道，"跟踪吼叫诱因"听起来像工作，那是因为它确实是工作；它听起来很花时间，那是因为它确实很花时间。不过你知道它还是什么吗？它绝对是一个有力的必要工具。了解引发我吼叫的诱因，让我很快就对如何着手管理吼叫欲望有了具体的观念和想法。在跟踪吼叫诱因上，我学会了如何左右吼叫诱因，而不是让它左右我。了解吼叫诱因有没有使我感到不舒服？绝对有。承认自己在育儿方面有很大的不足，绝对不是我每天想做的事，因为这彻底颠覆了我。然而，跟踪吼叫诱因这件事也以全新的方式改变了我，因为我学习到的东西使我的人生更平静、冷静、快乐、放松！

第 6 天

开始跟踪吼叫诱因：
二见倾情

13 年前，当我和我的丈夫相亲时，绝对不是一见钟情。我觉得他是一个自大狂，不想和他交往。但他却想和我继续约会，并且很努力地想要弄到我的电话号码。我则想方设法不把我的电话号码给他。

"我没有钢笔和纸。"我倔强地说。

"哦，不过我带手机了。我可以存到手机里。"他平静地答道。

"喔，好吧。你知道吗，我觉得我真的要吐了。我晚餐吃的 Benny T 家的披萨，感觉不太对劲。现在得回家。"

"Benny T 披萨？噢，我知道了。那我送你回去吧？"他礼貌地问道。

"不用，我住的地方离这儿只一个街区远。我没事儿。"我有点失礼地回答。

然后他的朋友喊他，趁他回头，我以尽可能最快的速度离开了酒吧。之后的周末，我发现自己实在是有些狭隘，于是决定给他打电话。一周之后，我们又见了第二面，那绝对是二见倾情！那次约会推翻了我之前对他的错误看法，并且认定也许有天我会嫁给他。我就是知道。一周后，我发现自己终于有勇气要减掉上大学时多出来的 40 磅（18 千克）体重。我想要和未来的丈夫过健康长寿的生活；我想追着我们的孩子，和他们不知疲倦地嬉戏玩耍！受渴望改变之心的驱动，第二天我开始模仿我的朋友，她吃什么我就吃什么，她做什么我做什么。我记下了一周的饮食。

噢，当我不得不再次寻找钢笔和纸，然后承认自己吃了过多 Ben&Jerry 冰激凌……又一次时，我是多么讨厌要记着记下所有的一切！这太令人痛苦了，令我觉得自己很无能！然而，之后我慢慢适应了这个想法，因为跟踪每日饮食来判断每日过量的进食量（呃，我们可以说是烦躁时的夜间食物柜大清洗）不仅激励我更努力地减少食量，还能告诉我要减少食量需要关注什么。我之前厌恶跟踪饮食习惯，现在变得喜爱跟踪饮食习惯，因为我终于知道了控制体重的具体步骤，我很开心！这也是二见倾心！

唔，猜怎么着？**我不仅减掉了体重，还获得了自信、骄傲和更多快乐！**

猜猜还有什么？当我不再吼叫，我也会减"重"。情感上的"减重"。我不再有负罪、伤心、沮丧、失望的感觉，我还获得了自信、骄傲和更多快乐。

我将上述很多情感上减负的原因归功于我为减肥所做的事——记录我冲孩子吼叫的习惯。唯一不同的是，这次记录的不是我的嘴里进入了什么美食，而是我的嘴里吐出了什么不好的想法。

刚开始记录的时候，我不知道帮我减肥的方法还能帮我停止吼叫。不过我必须要试试，因为我真的没有其他具体的方法。是的，一点儿也没有。我没有读过任何有关这个问题的书，所以我只是设想，好吧，也是真的希望，如果我足够努力，保持沉默，跌跌撞撞，发现除保持沉默外取代吼叫的方法，常常给我朋友发求支持的短信，那么你就会知道，我会奇迹般地停止吼叫。

我知道，这肯定不是长久之计，所以我增加了跟踪项目。我绝望地希望，如果我通过跟踪饮食习惯能减掉 40 磅（18 千克），我也希望通过跟踪吼叫习惯能帮我减少以吼叫作为育儿方式的依赖。

喔，我多么希望，它也许（只是也许）可以帮我找出需要在哪些方面付出最多，最终帮我和吼叫永别。

我用（显而易见的）橙色便利贴记下了两周之内我想吼叫的时刻、原因、对象、地点以及想吼叫前的感受。之后我记下了我认为可能会有哪怕一点用处的任何信息。有一天，整理书桌时，我发现了自己的一些笔记。这些笔记是我的最爱，是的，是其中一些。因为我过去常常大吼大叫，所以我有很多笔记要读!

"第2天上午7:54　詹姆斯5点时醒了,吵醒了爱德华。随后安德鲁受了惊,开始尖叫,吵醒了马克。我太累了不想动。每一个声音都令我想吼叫。"

"第4天下午5:42　哇哦!詹姆斯吃晚餐时把牛奶洒了,然后当我给马克换尿布时,他用盘子当作冲浪板。你在逗我吧?现在淡定。"

"第4天下午6:17　坐下尿尿。马桶、墙壁和地板全都是尿。唉!"

"第5天上午11:48　我要吼叫了。走到哪儿都是玩具。我讨厌乱糟糟的!"

"第?天上午8:53　事实上,开车送孩子上学时没有吼叫。奇迹。"

起初,跟踪吼叫是一个残忍的经历。不仅因为这需要花费很多时间和精力,也因为产生的结果。看到纸上我实际想吼叫的次数,这样的经历绝对会令人清醒。最终结果证明,我比自己想的还喜欢吼叫。这意味着一件事:我的问题比我起初想的还要严重。哎呀!

是的,我不仅仅想在送孩子们上学或给他们洗澡时吼叫。事实证明,每当我踩到玩具的时候,每当我在准备饭菜而孩子围着我跑的时候,每当他们没把地下室的东西捡干净的时候,每当我觉得累了或饿了的时候,每当他们因为累了或饿了开始哭喊的时候,我都想吼叫。我说了哭喊了吗?

是的。结果证明,我的"问题区"或者是吼叫诱因比我想的还要多。是的,意识到这点令人伤心(好吧,是糟透了!)。但是,我马上就看到了这个新意识的美。如我所愿,当我想要吼叫时就写下来的"计划"奏效了。几天后我细读自己的笔记,笔记清晰地呈现出我吼叫的时间和原因的模式。知道一天中什么时刻、什么场合促使我吼叫,意味着我实际上可以为那些时刻准备,从而避免在那些时刻吼叫。

简单来说,我对吼叫诱因的意识帮我建立了一个在我吼叫前阻止我的超级警报系统(冗长)。脑中想着吼叫诱因时,只要有人引诱我,我脑中的小橙色犀牛就会说,"警告。警告。地板上有玩具。你知道你要吼叫了。准备。深呼吸。"或者……

第2章　培养意识

> 几天后，我细读自己的笔记，笔记清晰地呈现出我吼叫的时间和原因的模式。
>
> 知道一天中什么时刻、什么场合促使我吼叫，意味着实际上我可以为那些时刻准备，从而避免在那些时刻大吼大叫。

"警告。警告。你累了。现在锻炼或者等会儿吼叫。现在趴下做10个俯卧撑。"

又或者……

"警告。警告。你去学校晚了。你可能会吼叫。开始告诉自己积极思考，这样你就不会吼叫了。"

最后一个警告总是令我发笑，因为每当我那么想时，我已经在自言自语了！不过，嘿，管用就行，对吧？唔，我的朋友，跟踪吼叫诱因是有用的。相信我。真的有用。我已经完全爱上并依赖这种方法了！我刚开始使用这种方法时爱它吗？老天啊，一点儿也不！不过一旦我意识到它这么有用，对我集中注意力帮助这么大，并感觉学习停止吼叫的艰巨性小了很多时，我就彻底爱上了这种方法。这完全是二见倾情，完全值得全身心地投入其中。

第6天：启示，行动与小建议

橙色犀牛启示

- 跟踪我的吼叫诱因需要提前花时间和精力，不过长此以往能使生活更轻松。
- 跟踪我的吼叫诱因使我获得了停止吼叫的路线图。

今日行动

- 开始跟踪你的吼叫诱因。跟踪的目的是收集信息，而不是解决问题。你收集到的所有信息都有助于你洞察自己能做出什么改变，不仅是自身的改变，还有环境的改变，以减少吼叫的次数。在本书"资源"章节中，有一张**诱因跟踪表和空白表格**（见224页），可供你使用。
- 记录你每次吼叫的时间。如果你并没有吼叫，只是想吼叫，也要记录下来，而且还要记下阻止你吼叫的原因！

记录要详细：尽可能多地填写空格。你收集到的信息越多，了解得越多，你就越能应对触发吼叫的事件。即使是你认为可能无用的极小的细节，在你回顾跟踪吼叫诱因的第四天也可能会派上用场。

记录要真实：不要因为觉得看到纸上的真相难过就将艰难时刻省去不记。我知道这会很难，因为没人想看自己一本正经记下的那些时刻。不过，相信我，正是那些有待记录的最艰难时刻才能让你有最多的了解。

记录要连续：坚持全天记录。记几段后你会想停下来，因为你可能会觉得够了。继续坚持。记录的目的是看趋势，再说一次，信息越多越好！附加奖励？你可以用写下沮丧来代替吼叫！

看到你吼叫的频率会让人觉得沮丧，这是可以理解的。对自己好一些，记住你是在收集这些让人不爽的信息，这样你才能从中学有所得，并教你自己去改变。

> 我们不能从错误中学到任何东西，才是真正的错误。
>
> ——约翰·鲍威尔

第2章 培养意识

今日小建议

冷静		橙色犀牛最喜欢：将橙色便利贴贴满整个屋子，尤其是你常会大吼的地方；当你没大吼，写下积极的话，比如"我做到了！"然后把它贴起来以鼓励自己。
燥热		橙色犀牛最喜欢：双手举到空中；这会引起孩子们的注意，并且可作为你要爆发前的一种警告；它也强迫你伸展身体，使你平静下来。
火爆		找一张纸，一遍又一遍地揉皱它，直到你平静下来。

用便利贴派对推迟你的吼叫！

第7天

对自己诚实：
"为什么，妈咪，为什么，为什么？"

在我和我老公相亲的两周前，我坐在我的餐桌边，对面是迈克，大约四个月的时间里，我一直不定期地约会的那个家伙。虽然他人很不错，工作也不错，可是他给我的感觉更像是一个不错的朋友，而不是有可能正儿八经交往的男朋友。那天晚上，他紧张地说想让我以女朋友的身份参加他的家庭聚会。我摆弄着筷子，试图想出让他知道我并没有真正想做他女朋友的办法。然后我放下筷子，用力敲破一块幸运饼干[1]，不是我在开玩笑，里面写着"好朋友伴您左右。"

迈克问我的幸运签写的什么。我没勇气大声读出来，因为我知道我有一张惹人厌的扑克脸，所以我轻轻地将它推到桌子对面。迈克读了，看了我一眼，知道了我的想法。

"你只是想和我做朋友，是吗？"

"是的，我很抱歉。"

然后，我开始了各种各样的说辞，其实都是谎话，因为这比说实话感觉更容易一些，也更友好一些。我先是告诉他我不想谈恋爱。不过，两周之后我就和我丈夫相识了！然后我说："错不在你，在我。"我对这句话的记忆恍如昨日。喔，喔，那个时候那句话太容易脱口而出了。虽然是谎言，却感觉很对。喔，那时候我觉得撒谎简直易如反掌。

时间快进到11年后我开始"橙色犀牛挑战"的前几个月。我开始跟踪吼叫诱因，主要基于三个推论：它能激励我；它能找出吼叫诱因，从而使我继续下去；吼叫诱因可能全是因孩子们而起，从来都与我无关。呃，前面两个推论准确无误；第三个就不是那么回事了。实际上，一点也不沾边。**很早的时候我就知道了，大多数时候，我想要吼叫的根源在我自己，而不是我的孩子们。**虽然不情愿，但我非常感激安德鲁帮我意识到了这一点，感谢他帮我意识到"错不在你，在我"不仅可用作与人分手时的说辞，也可以用来和吼叫说拜拜。

一天早上，我觉得特别烦躁，没有耐心，安德鲁开始连续不断地用问题打击我，比如："天空为什么是蓝色的？""为什么灯泡能照亮？""为什么拖拉机就那么几个轮子？""为什么会下雨？"像以往那样，我不知道他提出的任一问题的答案，我努力给出好答案。他像之前那样觉得不满意，又开始问我："但是为什么，妈咪，为什么，为什么呢？"直到他得到满意的答案为止。几轮问答下来，我一如既往地想对他吼叫："为什么你老是问我那么多问题？为什么？为什么？为什么呢？"我没有这么吼出来，不过，哦，哦，我还是非常硬生生地说出来了。安德鲁非常温柔地说："可是为什么，为什么，为什么你是一个爱生气的妈咪呢，为什么呢？"

  说对了，又一个我不知道该如何作答的问题！不过，这次我没有用含糊的答案回答他的问题。我不能含糊地回答，因为我感觉这是不对的。因此，我欣然接受他的这个问题，甚至没有意识到这一点。我开始模仿他。我发现我在自言自语地说："为什么呢，茜拉，为什么？为什么，为什么呢？"

  "你为什么想吼叫？"我扪心自问，"是因为所有的问题吗？"
  "是的。我无法忍受无休无止的问题。"我告诉自己。
  "真的吗？这太滑稽了。你想吼叫是因为你儿子好奇吗？"我问自己。
  "是的！"我暗自答道。
  但是那个答案根本站不住脚。因为我儿子好奇心旺盛，所以我想吼叫？这么说让我感觉很糟糕，所以我又开始一遍又一遍地问自己。
  "为什么，茜拉，你到底为什么想吼叫？为什么呀？"我问自己。

  "不为什么！"我用回答孩子时最喜欢的答案之一答道。我总是希望这个答案能让他们无休无止的提问戛然而止。当然，这个答案在我的孩子们身上不起作用，对我来说也一样。我的内心仍感到不满和不安，我又开始问自己。

  "为什么，茜拉，为什么呀？"
  "啊。我不知道……也许因为我太累，不能集中注意力。因为我现在有1001件事情要做，失去了回答问题的乐趣。我也想好好回答问题，但真的只想吼一句：'够了！'"
  "那么再问一次，你为什么想吼叫？是因为那些问题，还是说只是你心情不好，做不到再耐心一些？"

然后这时，我的大脑停止了思考。我知道我终于发现了事实，真正的事实！我内心十分确定。我不想再问"为什么？"，因为我的意识说："嗯嗯，我知道了。我不想因为那些问题吼叫。我之所以想吼叫，是因为我的问题让我变得超级没耐心。说吧，错不在他，在我。"

> 我不愿意相信，我把自己的怒气撒到我的孩子们身上。我不愿意相信，我吼叫常常是我自己的错，而不是孩子的错，我冲我的儿子们吼叫实际上并不是因为他们，而是因为我自己，因为我自己心情不好。

为什么我说"不是你们让我吼叫的；是我自己想吼叫的？"那么纠结？为什么，喔，为什么？因为我不愿意相信，是我让孩子们痛苦；我不愿意相信，我把自己的怒气撒到我的孩子们身上。我不愿意相信，我吼叫常常是我自己的错，而不是孩子的错，我冲我的儿子们吼叫实际上并不是因为他们，而是因为我自己，因为我自己心情不好。

我想吼叫，并不是因为你系鞋带的时间太久……全怪我。我气的是我自己浏览 FACEBOOK，导致我们迟到了。

我想吼叫，并不是因为你兴高采烈地嚷着进我的卧室，把我吵醒了……，是因为我自己，我因为你爸爸说的话在生气。

我想吼叫，并不是因为你不吃午餐……，是因为我自己，保险公司没有付我们的账单，我很沮丧。

哦，我的孩子们可能"做"了很多事情，逼得我大吼大叫，这样的事情列成单子可以一直一直列下去，但实际上他们并没有逼得我吼叫，让我吼叫的不是他们，而是我自己。我心情低落，这逼得我吼叫；我无法处理压力，这逼得我吼叫；我不能接受自己在"吼叫游戏"中的角色，这逼得我吼叫。

当然，有时孩子的行为令人烦躁不安、抓狂不已，这也可能促使我吼叫，但那天早上我意识到，我自己的行为和孩子的行为一样，都需要监督和关注。当我把握了自己的心情，控制了自己的心情，我就能更好把握自己的耐心以及不向孩子们无端吼叫的能力。

到目前为止，我一直都在将精力集中在改变我的孩子的行为和寻找当孩子们令我烦躁时平静心情的方法上面。这个方法的确奏效，真的，真的很奏效。但是也很累人，因为很多时候，当他们行为得体，就像乖孩子该做的那样，我还是会觉得他们烦，无缘无故地想要吼叫。没有审视和把握自己的行为，我为自己带来了不必要的工作。

我花了一段时间才充分意识到，如果我努力管理自己的情绪，理解自己的角色，那么我本可以不将那么多精力花在抑制自己吼叫上。不过，一旦我开始做，一旦我开始将有规律地审视自身行为变成一种习惯，这个挑战就真的变得容易了许多。任何时候，只要我发现自己在硬撑，我就知道是时候将目光从孩子的行为上转移，开始关注我自己了。我知道是时候该问问自己"为什么，茜拉，为什么，为什么呀？"，直到我的内心因那个"是我的错"真相而感到满足。是的，努力得到真相，然后承认它是很难，但是真相是我明确并有信心关注沮丧的来源，告诉自己，"别冲他们吼叫。你不是在生他们的气。你生气是因为别的事情"，从而使我更容易停止无端吼叫。

曾经有段时间问"为什么，为什么，为什么？"是那么难，而责怪孩子或者让幸运饼干告诉我真正的吼叫诱因是什么及如何阻止它是那么容易。但是我没有数不胜数的幸运饼干来告诉我如何停止吼叫，不忍心再无端责怪并对我的孩子们吼叫。我只有自己，我的行为，我知道，如果努力深挖、理解并接受我在橙色犀牛挑战中的角色，我就更有可能不冲孩子们大吼大叫。

第7天：启示，行动和建议

橙色犀牛启示
- 我为什么会吼叫？承认是我的个人挑战让我进入了烦躁状态，尽管将之归咎于孩子们不乖的行为更容易一些。
- 十之八九，我的个人问题才是真正的吼叫诱因，而不是我儿子们的行为。
- 通过"深入挖掘"，我对自己的了解不仅帮我停止了冲孩子大吼大叫，而且帮助我与孩子，还有生活中的每个人，建立了更有益的关系。

今日行动
- 诚实面对自己。
- 跟踪吼叫诱因。确保自己诚实地面对真正触发吼叫的事情。深入挖掘并跳出"舒适区"的目的是：
  - 理解你的情景角色。
  - 认识到掌控自己行为的必要性。
  - 接受生活中真正的打击。
- 使用"为什么，妈咪，为什么，为什么呀？"的方式进行深入挖掘。
  - 写下表面答案更容易，比如孩子们将蜡笔丢得到处都是，孩子们弄洒了牛奶，或者孩子们不住地哭嚎。有时候表面上触发吼叫的事情可能是真正的吼叫诱因，有时候则不是。但是如果你写下来的东西令你觉得不适，如果你的内心并不平静，那么开始问自己，"我吼叫的真正原因是什么？"
  - 当你的内心说"啊哈！"，并不再怀疑你自己写下的东西时，你就会知道真相。
- 用这些问题帮你深入挖掘。
  - 是孩子们的表现真的很糟糕，还是只是我心情不好？
  - 此刻我高兴吗，还是伤心，沮丧，失落，焦虑？
  - 我之后有和人争吵吗？
  - 今天的待办事项清单是不是令我不堪重负？
  - 在这些主要个人诱因（以及其他常见的诱因）中，是否有一个逼得我大吼大叫：工作压力、婚姻矛盾、体重、疲劳、缺乏运动、社交问题、金钱问题、健康挑战、需要帮助、作为父母对自己缺少信念（比如，不是真正因为孩子不听话而生气，而是因为不知道怎么让孩子听话而生气）。

跟踪吼叫诱因并了解你自己，将是这个挑战带来的最大回报。所以，即使它令人厌烦，令人感觉浪费时间，也要坚持下去！真相可能是你孩子的行为，也可能是你生活发生的改变。逼自己一把。撒谎比较容易，但是诚实更有益。

> 如果我们希望孩子能有任何改变，那我们应该首先审视并看看我们自己有些什么能变得更好。
>
> ——卡尔·荣格

今日小建议

冷静		请你的孩子抱抱你。一天当中孩子的拥抱使我平静，阻止大吼。一天当中拥抱越多越好！
燥热		问你的孩子们他们为什么哭。很可能会得到一个好理由，然后比起向他们大吼，你会想要爱你的孩子们；而且，小孩喜欢被倾听，喜欢有被理解的机会。
火爆		**橙色犀牛最喜欢：** 将大吼变成胡言乱语，发泄的同时还能博人一笑，而不是哭，我最喜欢的单词是"oogaschmoogabooga！"

第8天

记录越来越想吼叫时的身体征兆：
妈咪扔了一个鸭嘴杯

因为我已经向你承认我曾教我的孩子们咒骂（那是无意的，记得吗？！），那么再坦白一个令人惭愧的秘密，我觉得就不那么难为情了。有一次，好吧，可能是两次，我和孩子冲出学校时，因为孩子不听我讲话，我感觉非常沮丧，我抓起把我绊倒的鸭嘴杯，重重地将它砸向墙壁，墙上还留下了砸痕。当然，同时我还吼道，"现在上车，要不然……！"当鸭嘴杯撞到门上，我的声音飙到"高得吓人的级别"，牛奶洒得到处都是，也包括我的脸。我沮丧地吞咽，擤着鼻子上的牛奶。孩子们都停下来看着我，要多害怕有多害怕。我能怪他们吗？不！

此前我从未与任何人分享过这个故事。

我只觉得非常惭愧、尴尬和失望。我是指，说真的，我怎么能向我的孩子们扔东西，那可能会伤到他们，即使我确定东西没有径直冲着他们？我怎么能如此虚伪呢？一方面我希望孩子在生气时不会向对方的脑袋扔块状物体，而我自己却清楚地向他们展示如何向头部扔更大的东西？我怎么就没觉察到自己越来越沮丧，或快要发脾气呢？作为一个成年人，我怎么能控制不住自己的愤怒呢？我的冲动？我的沮丧？我这是怎么了？

说真的，我是怎么了？唔，首先，我还没开始"橙色犀牛挑战"，我绝对意识不到疲惫不堪和捉襟见肘会令我陷入窘境，以至于一个放错位置的鸭嘴杯都能令我几近崩溃。而且我几乎不知道我的身体实际上好像已经发出了一些预示我要失去理智的警告。

是的，在那个宿命般的扔鸭嘴杯的早上我并不知道，如果我的手心冒汗，却不只是因为疲惫，则很可能意味着我的压力越来越大，不堪负荷，即将失去控制。

我不知道，如果我的心跳加速，却不只是因为刚和孩子们玩了WiiDance，则可能意味着我越来越激动，过于激动，即将失去控制。

我不知道，如果我开始觉得自己的脸潮红，却不只是因为查宁·塔图姆刚告诉我我很漂亮（是的，这事从未发生过，嘘），则意味着我就要吼叫了，我要失去控制了。

是的，直到接受"橙色犀牛挑战"，我才发现，我的身体会发出一些强有力的 S.O.S 信号，以暗示我需要冷静。在挑战早期的一天晚上，具体的日子我不记得了，我像往常一样叫孩子们洗澡。像往常一样在他们溅了我一身水花，彼此喊叫，磨磨蹭蹭数分钟之内，我觉得自己越来越想吼叫。然后我感觉到了似乎每天晚上孩子洗澡时都会出现的再熟悉不过的身体征兆：手心出汗，心跳加速，面色潮红。然后，我没有为阻止自己平时的吼叫欲望而从一数到十，而是大喊一声"呲！"

呲，呲，呲！

你看，当我努力在便利贴上写下吼叫的时间和原因时，我的大脑真的已经开始变得善于提高其在"吼叫时间"时的"思考和分析技巧"了，这样它就能获取有助于我做出改变的任何信息。那天洗澡时，我的大脑有了突破性的进展。即使我不记得当时我在自言自语什么，我的内心是这么说的。

"亲爱的，过去两年多每次洗澡时你都有一模一样的征状：手心出汗，心跳加速，脸颊潮红，而你总是吼叫。现在你的感觉还是一样，你想要吼叫，但是你不能，也不会。亲爱的，这些征状不是因为你总告诉自己的那样，'喔，这种潮热可能是因为经前综合征'或'我的手心出汗可能是因为我今天水没喝够'；它们是你压力增加、想要吼叫的身体征兆！"

是的，在"橙色犀牛挑战"开始前的两年内，每次洗澡我都会感觉到这些征状，但是没能想到它们和我过去通常吼叫"快点！"或"别溅到我身上！"或"如果你现在不穿睡衣，就别想挨着我睡，或者让我给你读书。"之间的联系。我不知道我怎么错过这个联系的。这些征状十分明显，我脑中依然可以清楚地浮现出我坐在浴室地板上，一边用裤子擦手上的水，一边想："我的天啊，我完全无法控制自己了，我的心跳在加速，感觉非常热。"我的吼声很大，而整个洗澡期间，我吼叫时的吼声（令人伤心的是吼叫的时候不止一次）越来越大。嘘。

喔，我的身体多次试图帮我意识到我需要冷静下来，可我没意识到，还是吼了出来，但这并没有给我和孩子们带来轻松，却使我们整个晚上感觉沮丧又惭愧。喔，喔，我多么想忘记那些洗澡时的记忆，我非常非常非常想忘记那个鸭嘴杯事件，它将我缺乏育儿经验的事实暴露无遗。

但是我不能。

然而，我可以像过去在浴室"喊呲时候"那样做。我可以保持对压力增加时身体信号的关注，这样我就不会重蹈覆辙，为没必要的事吼叫，或打破鸭嘴杯或猛灌牛奶了。（只是说说而不再做那两件事感觉也很好！）

代替吼叫的简单方法

当身体发信号告诉我想要吼叫时，下面这些是我减轻压力，让自己开心一些的首选方法。

左上：阻止吼叫；伸出舌头，然后发出"blahhhhhh!"的声音。

左中：每天咀嚼一个或更多苹果，以阻止吼叫。

左下：去捏，不要尖叫！

右上：摆个笑脸，赶走吼叫！

右中：闭上眼睛，想象一片海滩；让负面情绪的浪潮消失。

右下：隔离噪音，隔离吼叫的欲望！

第 8 天：启示，行动与小建议

橙色犀牛启示
- 我的身体会发出很明显的警告信号（除了我越来越大的声音），告诉我要失控了。
- 了解这些身体征兆，并关注它们，是防止吼叫的一个极佳的方法。

今日行动
- 记下快要吼叫的身体征兆。
- 继续跟踪吼叫诱因，这样你就能持续了解在哪些场合你需要注意。
  ▶ 研究你的笔记。如果你记下，"我吼叫是因为我们迟到了，"那么让自己弄明白为什么会迟到。是因为做事没条理？还是睡过头了？还是没看好时间？
- 开始注意吼叫前的身体感受。
- 在跟踪表和/或下表中记录吼叫前的身体征兆。该信息会帮你发现自己快要吼叫了。
  ▶ 你的手出汗了吗？你感到烦躁不安，你的手更是如此？你的心跳加速了吗？你突然觉得很热？你想捶墙？你想扯自己的头发？

_____
_____
_____
_____
_____
_____
_____
_____
_____
_____
_____

我知道，跟踪吼叫诱因，并看着关于你自己的这些新数据，会令人非常不爽，很害怕，同时很伤心。请相信我，对你来说这实际上是一件好事，因为它会帮你改变，同时吼叫得越来越少。

> 我认为，对于成为冠军来说，自我意识可能是最重要的事。
>
> ——比利·简·金[2]

今日小建议

冷静	白天将芳香按摩乳涂在手上，这样当你抬起手生气地摔门时，一阵放松身心的气味迎面而来。（薰衣草是一种非常令人镇静的香味）
燥热	慢慢喝一杯水；这能强制你进行一到两次呼吸。
火爆	在洗手间里尖叫，然后冲马桶，将吼叫和生气的情绪也一并冲走。

第9天

**给你的吼叫诱因贴标签：
"不，我不收拾房间！"**

爱德华很爱很爱很爱收拾他的房间。实际上，他如此热衷于做这件事，以至于他绝对、从来、永远不会哭着跌到地板上、拿拳头捶打地毯大叫"我讨厌收拾房间"、"不，我不会收拾我的房间！"。不，相反地，他每天早晨都会跑到我面前说："哦，妈妈，我都迫不及待要收拾我的房间了。"唉！我多么希望这是真的。那样肯定会让我的早晨过得平静得多。

但事实却不是这样。每一天早晨，我都要和爱德华进行一番别开生面的讨论，讨论他需要如何收拾他在自己房间玩的时候拿出来的所有玩具、填充毛绒玩具和书本，而当时我们全家其他人都睡着了。而每一天早晨，爱德华都坚持声称他只是"不能收拾他的房间"。

一天，在和爱德华的论战中，当我站在那里，任由虎克船长和他的海盗朋友们袭击我的脚时，我强压下了内心想要发火的冲动。我决定回忆从橙色犀牛的挑战中得到的教训。我决定实实在在地停止讨论和命令，开始倾听和请求。也许所有的怒火都有一个合理的理由。也许没有，但也许有呢？我当时并不知道在这件事上我是不是真的没给我儿子表达他自己想法的一个机会。

"好吧，爱德华，告诉我，你为什么不能收拾自己的房间？"

"因为太乱了。"他回答道。

我本能地就想回答他，"好吧，呃，如果当初我试着教你如何一步步收拾东西的时候你听话了，那么你的房间现在就不会这么乱。"当然我知道我的这种反应并不会让他有同感，也不会得到我想要的效果。所以我截住话头，继续问道："确实太乱了，你说得很对。但是你可以收拾，我知道你可以。"

"但是妈妈，我只是不知道从哪里入手。真的是太乱了。"他抽泣着说。

"好吧，那如果我们一起收拾会怎样呢？"

"但是妈妈，我已经跟你说过了，太乱了。我们永远没法收拾好。"

"我们可以的，来吧。"

"妈——妈——，我告诉你了'太乱了'！"他大喊，这次几近歇斯底里。

"好了，我知道，你已经说过了。"我苦恼地思考着。呃呃呃。停下。他正在告诉我他无法收拾房间的真正原因。我根本没有完全听进去。房间太乱了——他根本无从下手。现在我知道了。所以，我又接着尝试道："好，爱德华。我知道了。你是对的。这房间真的感觉太乱了。我们一起一点点收拾，好吗？我们不必一次全都收拾好。一次收拾一点点，好吗？相信我。"

就这样我们开始一点点收拾他的房间。首先我们收拾海盗们，然后是积木、蓝精灵、书本、满是袜子的抽屉，最后，我们整理了他的床。

"全都收拾完了！看看，我们完成了，爱德华！我们每次做一点点，这样确实很容易，是不是？"我满腔热情地说，同时对于我能平静处理这件事感到很激动。

"是的，妈妈，谢谢你。"他甜甜地说道，并走过来拥抱我。你知道，我可能不喜欢他的"晨乱"，但我的确爱他的"晨抱"，我的小淘气会是多么感激我。

爱德华开始穿衣服，我开始感谢"橙色犀牛挑战"将"一点一点，一次一小会儿"的思想种进了我的脑袋。在此之前，当我不知所措时并没有一种思想来指引我。相反，和爱德华一样，当所有的事情都是一团乱麻时我就会停滞不前。我慌了。我所做的和我需要做的事恰恰相反，于是我……什么也不做。当然了，无所事事使我更加不知所措，所以我就继续什么也不做，而不知所措的感觉会愈加强烈直到我选择做点儿什么。做什么呢？打电话给我丈夫或我妈，哭诉我根本"做不到"，正如爱德华那天早晨——也是每天早上向我哭诉的一样。如果我找不到我丈夫或我妈，我还是不知所措怎么办呢？那么，我会毫无理由地冲我的孩子们发火。

当然，我之前并没有意识到不知所措和大吼大叫之间这种可恶的联系，直到我开始记录这些引起我情绪波动的原因，并意识到引起我情绪波动的最大的"不是你而是我"的原因之一确实是不知所措。是的，这启发、激励并有助于我对自己发火的原因有更进一步的理解，但是首先，它也令我感到不知所措。所有的信息让我做了一个认真的计划——一个有很多步骤的计划。要做这么多工作！太多了，以至于我很肯定我至少一周给我丈夫和我妈打一次电话，向他们哭诉"我真的做不到"。

我丈夫总是说："你可以的。你喜欢的赫伯·凯勒尔（西南航空公司的创立人）的那句名言是什么来着？'小处思考，小处着手，我们就能做成大事。大处着眼大处入手，我们只能做成小事。'所以着眼于小处，每次只着眼于一件事情。"

> 我丈夫总是说:"你可以的。你喜欢的赫伯·凯勒尔的那句名言是什么来着?'小处思考,小处着手,我们就能做成大事。大处着眼大处入手,我们只能做成小事。'所以着眼于小处,每次只着眼于一件事情。"

我的妈妈总是说:"一次只做一件事。关注于一个诱因,每次一个目标,你可以做到的。"

他们都是对的。我强迫自己后退一步去看所有的诱因,找到一些小且简单的,先集中精神在这些上面。结果表明很多容易的事都可以搞定,我所有的诱因都不是大的、不可思议甚至令人不知所措的。然后我就每次一个诱因,每次一小步。每次我因挑战或任何其他大的严重的事而不知所措时都会提醒自己"小处着眼,一点点来,每时每刻"。不知不觉中,我已经去除了很多的小诱因,这项"不发火"的任务带来的茫然感也越来越少。那我是否仍然会因为感觉所有的事都一团糟,而有想要像爱德华一样哭着用拳头捶打地面的时候呢?有。见鬼,当然。但是至少现在我知道如何控制,所以我现在不会停滞不前,更重要的是,我不再发火了。

> 不要害怕在小事上全力以赴。每次你做好一件小事,你都会变得更强大一些。如果你做好了所有的小事,那么大事就会水到渠成。
>
> ——戴尔·卡耐基

第9天：启示，行动与小建议

橙色犀牛启示
- 并非所有的诱因都同样难以克服。
- 首先确定并集中精力面对简单的诱因使我迅速取胜，增强了我的信心，以至于我能战胜更大的诱因——一次一个。
- 一些诱因令我不知所措是因为我知道它们无法改变并且我没法控制，可正是弄清了这点并且给他们贴上标签使得它们不再令我那么茫然，而且更加容易对付。

今日行动
- 正式结束对你的诱因的记录。如果你认为时间长点儿会更好，那就试试吧。那根本没有期限！记得回来按照"今日建议行动"来完成剩下的事，这样你就可以将诱因数据变成"如何少发火"数据。
- 在本日的最后为你的诱因贴上标签。总览四天来所有的诱因记录，将它们归类为：可调整的诱因、易管理的诱因和不可改变的诱因。
  - **可调整的诱因**：将它们视为容易对付的诱因，一个很简单的解决办法就能很快地将它们去除。比如早晨的忙乱（晚上整理书包），噪音（戴耳罩或是在房子里开辟一块安静的空间），孩子们忘记早晨的例行程序（在卧室张贴图片式日程表）。
  - **易管理的诱因**：这些诱因并不总是存在的，但是你可以学着准备好，这样当它们突然出现时，你就可以控制自己的反应。在某些情况下，经过足够多的练习，它们可能甚至接近于被消灭。比如和配偶打架，月经前的不快征状，孩子们打架，感觉劳累。
  - **不可改变的诱因**：这些诱因不受你的控制，因为你无法将它们从你的生活中移除，丝毫不能或是无法如你所愿从时间表中移除。它们可能会挑战你的日常生活。比如健康问题，过去的创伤性事件，其他人的行为。它们并不是多大的事：可能甚至简单到"丈夫不叠被子"。

第2章　培养意识

不必担心能否正确地为你的诱因贴上标签；你只需要专注于将它们归类，因为这将帮你把这项少发火的任务分解为小步骤。

成功的秘诀就是行动起来。行动起来的秘诀就是将令人窒息的复杂任务，细化成可操作的任务，然后开始做第一件。

——马克·吐温

今日小建议

冷静	橙色犀牛最喜欢：闭上你的眼睛，想象自己在一片沙滩上，可能手里拿着伞，喝着美味的饮料。这会将你带到一个欢乐祥和的地方。为了将这次旅行变得更加美好，让你的孩子们知道你要去旅行。当我说"妈妈要去马丘比丘"的时候，我的孩子们就知道我需要一个自我休息时间。
	制作一个"已做"清单记录你当天做过的所有事，包括疼爱和拥抱你的孩子。这会使你不至于因为另一张"要做"清单而感到茫然，并集中注意力于最重要的事。
燥热	大笑，即使你并不想。笑对精神有好处，并能带来精彩的视角。
火爆	和孩子们一起计划一次尖叫。当局面过于紧张时，一次尖叫就必不可免，邀请孩子们跑到外面和你一起尖叫吧。

译注

[1] 幸运饼干（fortune cookie），又称签语饼、幸运签语饼、幸福饼干、占卜饼等，是一种美式亚洲风味脆饼。通常由面粉、糖、香草及奶油做成，里面包有类似箴言或者模棱两可预言的字条，有时也印有"幸运数字"（如用于彩票等）等。在美国及加拿大（其他的西方国也有），幸运饼干是中餐厅里的一道餐后甜点。

[2] 比利·简·金（Billie Jean King），历史上最伟大的女子网球选手和女运动员之一，在她的职业生涯中，赢得12个大满贯单打冠军，16个大满贯女双冠军和11个大满贯混双冠军，其中10次温网女双冠军纪录至今无人打破。1972年，她被著名体育杂志《体育画报》评选为"年度最佳运动员"；1973年则是"年度最佳女子运动员"；1973年，成为女子网球联合会（WTA）的第一任主席。

第 3 章

练习管理诱因

第 10 天：搞定可以搞定的诱因

第 11 天：处理可以处理的诱因

第 12 天：识别无法改变的诱因

第 13 天：接受不能改变的诱因

第 14 天：练习原谅

> 最困难的是下定决心行动，剩下的就是坚持不懈了。你能做你决定做的任何事。你可以用行动改变和掌控你的人生，而程序和过程本身就是回报。
>
> ——阿梅莉亚·玛丽·埃尔哈特（Amelia Earhart）[1]

我非常清楚地记得，在我小的时候，我妈妈告诉我，如果我想把钢琴弹得更好，就要多多练习；我爸爸告诉我，多多练习会让那些数学难题变得越来越简单……我还记得，当他们俩都告诉我要多多练习时，当时我对练习二字深恶痛绝！所以，如果现在你也非常讨厌我使用"练习"这两个字，我是说真的，谁喜欢练习呢？反正我不喜欢！在我开始橙色犀牛挑战的时候，我就想睁眼醒来做个不吼不叫的妈妈，我可不想必须练习！但，事实是我需要练习。我尝试了四次，大约花了两周的时间练习，才能充分意识到如何发现即将爆发的大吼大叫，哪种备选方案对哪种诱因最奏效，哪种备选方案行不通，然后成功地迈向我的目标。我知道，你很可能已经跃跃欲试，想正式地去努力实现你那个不吼不叫的个人目标。我保证，我们会走到那一步的，但相信我，接下来五天的练习过程会给你带来你不想错过的回报。

第10天
搞定可以搞定的诱因：
混乱让我想大声尖叫

当我快要失去理智的时候，我的头脑中经常有个"橙色小犀牛"警告我，不仅如此，有的时候还会有一只小黄鸟飞到我的头脑中，它来自 P.D. 伊斯曼[2]的《大狗小狗》(*Big Dog, Little Dog*)。在必要的时候，她就坐在橙色犀牛的旁边，提醒我应该如何应对生活。一天晚上，我读完了她那本书的最后一部分，从那以后那只小黄鸟就经常出现。那部分是这样写的：

> 第二天早上，弗莱德说："我的床太小了！"
> "我的床太大了，"泰德说。
> 小黄鸟说："我知道怎么办！"
> "泰德应该睡楼上，弗莱德应该睡楼下！"
> ……于是，泰德在那张舒适的小床上睡了一整天，弗莱德在那张舒适的大床上睡了一整天，
> "看，事情很好办。大狗需要大床。小狗需要小床。"

为什么要小题大做呢？

严肃地说，为什么要小题大做呢？我的意思是，这究竟是为什么呢？问题本来就已经够难处理的了，为什么还要把问题弄得更大呢？或者换句话讲，本来是一件不会触发大吼大叫的小事，干吗要真的爆发出可笑的大吼大叫让它升级呢？我很早就明白了，大吼大叫能做的就是让我的孩子哭哭啼啼，而这接下来会让本来很小的事变成一件大事，因为到了那会儿除了最初触怒我的事情外，手边还有个伤心、不安的孩子要我安抚。

> 我很早就明白了，大吼大叫能做的就是让我的孩子哭哭啼啼，而这接下来会让本来很小的事变成一件大事，因为到了那会儿除了最初触怒我的事情外，手边还有个伤心、不安的孩子要我安抚。

因此，把一些小事当回事，并把事态搞大是完全不值得的。这就是为什么我读到"为什么要小题大做呢？"这句话时笑出来的原因。一只小黄鸟总结得非常简单（好吧，确切地说是 P.D. 伊斯曼，对我很管用），却道出了我在那天之前早些时候一直纠结的问题。我以前就会揪住非常小的问题，比如鸡毛蒜皮的小事，而且大部分时候会因此而大吼大叫。真的吗？真的！

你知道的，我曾经因为要整理洗好的衣服而彻底地大发脾气。是的，你的理解是正确的：为洗好的衣服而大发脾气。我曾乱发过一场小脾气，因为和平时一样，我没能把所有的袜子都配成对儿！你能告诉我为什么袜子的尺码都要印成和袜子一样的颜色吗？这样一来我就不得不使劲睁大眼睛去看袜子的尺码了。好吧，我的意思是，袜子的尺码在脚的底部！没人会看到它！谁又会在意印在上面的颜色是什么呢？！我只是希望能够看清楚袜子的尺码，这样我就能把孩子们的袜子配成对儿，我也能安心过好这一天了！

好吧，大声咆哮吧。继续。不管是谁，当麦克试图"帮"我弄要洗的衣服时（把洗衣篮腾空而已），我都会很烦，而我的孩子们还胆敢问我问题。顺便说一下，这显然是"错不在你，在我"的时刻，但我仍然很烦。我开始厉声说话，而且能感受到自己想要吼叫的愿望越来越强烈。幸运的是，这时电话响了，我的吼叫，还有要洗的衣服都被搁置在一边。愚蠢的问题没有解决，没有将事态搞大到大吼大叫。那天晚上，我在为安德鲁读故事书的时候，那只小黄鸟对我说："为什么要小题大做呢？"这句话击中了我！我的确可以简单地解决袜子的问题呀。我开始做一些基础的数学题。

4个孩子+2个父母=6个人

一个星期=7天。

这意味着我可以一天洗一个人的衣服，不用给衣服分类和给袜子配对儿了，晚上再也不用把所有混在一起的衣服分类了——多么简易的解决方法啊！真的很简易！如果我说这个方法改变了我的一生，这也是说轻了，好吧，是有点夸大其词了，但说这句话也真的是恰如其分！我再也不用给衣服分类和给袜子配对儿了；这让我节省了黄金20分钟，并使我避免了失意的一天！多么简易的解决方案啊，确实是（我以前怎么没注意到呢？）。

为什么我没有早点想到这个洗衣方案呢？不是因为脏衣服太少了，我天天有不计其数的脏衣服要洗！所以肯定不是这个原因，那是因为我以前从来没有停下来去考虑一下怎样解决这个问题，有点讽刺的是一年之中的11个月我正是这样一直浑浑噩噩地过来的，非常感谢橙色犀牛挑战项目。你们也看到了，我一开始追踪诱因的原因，就发现自己以前有那么多可以简单解决的诱因了，我最应该做的就是马上停下来，快速地开动脑筋去想出解决办法，并验证它是否管用，诱因也就随之消失了。

诱因：在做晚饭之前心乱如麻，因为我根本不知道我要做什么饭，或者是不知道用现有的食物我能做什么……而且我的儿子们还都在餐桌旁格格咬着牙嗷嗷待哺，更让我一点思路也没有。

简单的解决办法：在每周六早上制定出一周的餐单，定好买材料要去的杂货店，将选定的那些餐单写下来贴在冰箱上，并且常常看！再也不用犹豫到底做什么饭，也不用担心去哪里买材料。

诱因：詹姆斯总是爱把他所有的乐高玩具都倒出来理理清楚，这让我很难在不弄伤脚的情况下，走进他的房间，根本没办法让他收拾起来这些东西，因为他好像一直理不清它们。

简单的解决办法：买一个可以在床下放置的毛毯箱子，然后把所有的乐高玩具倒进去，现在呢，他只需要拉出箱子，再也不用把玩具全倒出来了，因为他在箱子里就能理清了，完美得分！

诱因：晨起的大忙乱，呃，说得再全面一点？那就是在我找背包和找鞋子的时间间隙里需要洗澡、穿衣服、发动车，我的那些意志力松散的孩子要花费的时间太长了，以至于我都想喊口号来命令他们移动了。

简单的解决办法：在前一晚将背包和午餐包准备好放到厨房里，以便早上可以快速找到，虽然只是少了一件事儿，但是所有的"少一件事儿"合在一起就别有成效了。

对于我来说最大的问题，然而也是最微小的诱因……乱七八糟！

诱因：乱七八糟，乱七八糟，我是多么讨厌这样啊！

我依然历历在目地记得，在进行橙色犀牛挑战项目前不久的一天早晨，我走进厨房，看到厨房有好几块脏东西，起居室里也是。在我的眼皮底下到处都是散落的纸屑在对着我讪笑，掉色的玩具也讪笑地看着我，鞋子们也在嘲讽着我，它们好像都在说话，"看啊看啊我们是多么地杂乱啊，你不是讨厌这样吗？"额，确实是这样！接下来安德鲁无辜并且从没有这么甜地说："妈妈，我……？"然后我怒吼道，我的意思是我吼回去："你想干什么？"让我很不解的是，他马上就哭了。

"我只是想跟你说早安然后抱抱你。"

好吧，现在谁才是坏家伙？

我。

我眼含泪水看着我的丈夫说道："亲爱的，我看到到处都是脏东西需要被清理，永无止境，我知道我应该试着不去想它，但是我真的做不到，它会让我一直想起所有我必须做的事，但是永远没有了结的事，它会让我觉得我永远都赶不上进度，我这一天是多么的混乱，让我像个陀螺一样不停地转"。

他安慰我："没关系的。"但是真的不像他说的那样没关系，我越来越想发飙，我想拿起垃圾袋把所有散落的纸和乱放的玩具都放进去，径直把它们通通倒掉。

但是那天早上，每一天的早上，我想看到的都不仅是一个干净的柜台，我还想看到一些归置好的东西，干净的柜台让我冷静点，干净的橱柜让我冷静点，干净的卧室让我冷静点，因为那代表着一切就绪；现在有了四个孩子，根本就指望不上整齐，但是我特别渴望东西都整整齐齐的，这样才让我感觉踏实感觉头脑清醒，我最终发现的简单的解决方法让我感觉很好……而且比起以前来很少发脾气了！

简单的解决办法：每天晚上无论遇到任何情况，我都会抽出 5 分钟，有时候时间允许的话 10 分钟，把我能看到的所有的杂乱的东西都规整好。这个简单的解决方法，像改变了我的生活的洗衣方案一样正确，我怎么知道的呢？因为自从我静下来去思考这些让我大喊大叫的诱因的解决方法后，每天早上的我都可以静下心来去清理柜台并且呼吸顺畅，而且即使是 4 个孩子同时要果汁／牛奶／水／水果和麦片粥，我也可以保持冷静。其他的我是怎么发现的呢？如果，某天我没有花费那短短几分钟去规整东西，我一定需要非常长的时间来让自己冷静下来不想发脾气。

天啊，在我的生命中有太多让我想发脾气的诱因了，而且它还需要时间才能被发现。但是好消息是什么呢？大多数的诱因只要能花点时间思考一下的话都很容易解决。还有其他的好消息呢？只需要稍微思考一下这些小问题就能避免由此引发的大麻烦，比如说感情受伤的孩子和懊悔愧疚的妈妈，我想说这样做绝对值得，你觉得呢？

第10天：启示，行动与小建议

橙色犀牛启示

- 发脾气只会让情况更糟，不管最开始的诱因是大是小，大喊大叫在大多数情况下一定会加剧原始的矛盾。
- 发脾气解决不了任何问题、停止喊叫、好好思考，然后计划——无论如何——去解决问题。

今日行动

- 把能解决的诱因解决掉。把所有的你可以解决的诱因，标记出来复制到一张纸上，标记这个清单为：橙色犀牛赢。
- 找出一个要在今天解决的诱因，并且解决它。用5到10分钟的时间去思考一下这个问题和头脑风暴解决方法，如果和孩子有关的话，你也要问一下你的孩子们有没有解决方法，有他们配合的话执行起来会更容易。
- 当你成功地克服了一件诱因之后重新回顾一下，这样你会很自豪的。更进一步的话！如果你还有多余的时间和精力，你可以从清单里再挑出一个来解决，完成之后勾掉。
- 把你列举的"简洁的橙色犀牛赢"的清单挂在你最常出没的地方。如果在未来的日子里你对成功感到希望渺茫，重温一下这个清单，看一看你所达到的所有成果，然后挑出一个"容易战胜的诱因"并且克服它，以此增加你的自信心。

> 左想想右想想，上想想下想想。哦！只要你去尝试，你就能想到很多想法。
>
> ——苏斯博士[3]

今日小建议

冷静	将橙色的花放在厨房的花瓶里,最微小的事情(花)也能带给你最大的愉悦感,当你心情愉悦的时候,自然就很少发脾气了。
燥热	买一个相机,当遇到因为小烦恼让你发了很大的脾气,但其实并不值得的场景时,拍一张照片,这也会是一个很好的笑料。
燥热	离开,你不能通过发脾气来解决问题,离开是最直接的可以让你不发脾气的方法,而且还可以让你有机会去思考,剖析问题,然后问题也就迎刃而解(这听起来很简单但是很难做到,我明白)。
火爆	开始不停地拍打桌子或柜台直到怒气消失,这确实是一个释放压力的好方法,而且还可以开始一场舞会,让所有的人都冷静下来。

抓拍这个瞬间，尽情大喊吧！（其实，在拍下这张照片之前，我一直以为自己可以高枕无忧）

第11天
处理可以处理的诱因：
我的感觉处理障碍症让我大吼大叫

  我要向你们分享一个非常私人的斗争，这件事我只跟生活中少数几个人说过，因为它太让人尴尬了，而且还非常使人泄气，所以我就一直把它埋藏在心底，好几年了都对它置之不理，而且，我是多么希望它会奇迹般地消失啊，这样在它一次次发生时我就能使自己免于痛苦和尴尬了（我要顺便说一下的是，这种情况至少一天发生三次或四次），而且一直这样，直到我开始了橙色犀牛挑战项目，我再也无法避免或者逃避它了，当我开始追查我的那些诱因，我开始更深层次地意识到我暴怒的原因，我发现，更确切地说，终于被迫承认——我的这个小斗争不仅是真实存在的，而且这真是一个很大的（类似于庞大的）诱因，是的，毋庸置疑的事实是，如果我想停止发脾气，不管它有多难，我都需要开始这场小斗争。

  准备好开始斗争了吗？

  我有感觉处理障碍症（Sensory Processing Disorder），也就是众所周知的 S.P.D.。呃，你会问，那是什么意思呢？

  意思是我有"感官冲击综合征"，它会在我所有五感的超负荷以至于不能控制自己冷静下来的情况下发生，它也可能被引发的情况是，周围太吵了或者是太混乱了，或者是我太热了，我衣服太紧了让人不舒服，也或许是我吃了糊状的食物，或者是闻到了恶心的气味，还可能是所有的情况碰到了一起，让我的身体沦陷，有时候这些情况来得让人意想不到，有时候能感觉到它们的到来，我需要30分钟来让自己再次镇静下来，控制自己经受打击之后的身体（需要更长的时间让我忘掉尴尬和丢掉它的耻辱）。

  在身体遭受"感官冲击"的时候，我真的觉得生理上迫切地需要以一种相当激进的方法逃避，我感觉我身体里的火焰在熊熊燃烧，想要烧掉我的皮肤逃脱出来，我想要全速奔跑，一直跑到我能冷静下来，直到我的心脏不再如此艰难地跳动，直到我的皮肤不再瘙痒难奈，以至于我想撕掉它，直到我筋疲力尽而停止，我的身体我的思想和我的灵魂，想要逃离因为感官冲击所造成的这些过度的生理反应和不愉快，但是完全没用。

我感觉到被束缚住了，其实的确被束缚住了，被束缚在感官冲击之下，而且当这种突发状况来临时，我唯一能做的只有等它离开，因为我没办法赶走疼痛和挫折。我借助于扔东西甚至是哭泣，拽自己的头发，打自己的头，来和自己的身体做斗争，而且以前我还老发脾气。

我很乐意写下我的孩子们从来没有见过的我的发飙，他们从来没有见过我将所有的盘子扫下餐桌，然后拒绝吃饭，因为我的意式烤香肠烤得时间不对质地一点都不好，我的儿子们从来没有见到过我把一条全新的（而且非常炫酷！）的围巾从脖子上拽下来大喊大叫地把它扔进垃圾桶，我讨厌这些衣服，非常讨厌，非常非常讨厌，讨厌这衣服！没有一件让我觉得合适！我也想写他们从来没有见过当我丈夫转到一个正在播出大型比赛的体育频道电台节目时，所有的因接收不良而发出的沙哑噪音让我发狂，以至于我会大声喊叫，他必须在我爆发之前关掉。我想说的是他们从来没有见过上面所述的所有事情，但是它们都是谎言。

我愿意，甚至更加愿意写下来的是我的孩子们从来都不是我的感官冲击的受害者，但这也是一个谎言。坏消息是他们确实是我的感官攻击的终端受害者，但是好消息（好吧，至少比坏消息好点）是我也只是发脾气，没有把事态搞得很严重，哦，天哪，不管是有意的还是无意的，当我的身体不能控制音量时我吼他们吼得是多么大声啊。

> 在我更加完整地意识到这个问题的严重性的过程中，我可以真正开始将之处理到不再成为大问题的地步。让我告诉你吧，那简直美不胜收。

当我的孩子们在我旁边傻傻地嚼着爆米花，而且嘴巴大张着，我能听到所有嚼的声音时，而且仅仅是在我的旁边，还不是挨我很近，我会大喊道"马上离我远点，立刻"。

当我所有的孩子同时讲话，并且为了他们彼此之间可以听得到，就一声比一声响，这时我就会吼道"立马给我安静点，太吵了！我受不了了，再吵我就要走了"。

我会喊道："好了，都抱够了，我不想再让谁碰我，离我远点。"确实，这样很不好，甚至非常严重，但是这些话我说过太多次了。

而且事后我都会对自己发脾气说："控制着点吧，如果你因为受不了吵闹混乱就让你的孩子们保持安静，不能尽兴地玩耍，那么你为什么还要生孩子呢，而且还生四个？！你经常做的事情就是仅仅因为妈妈受不了吵闹就剥夺他们的乐趣和积极性。这样真的好吗？"我真的很努力地来控制和压制我的 S.P.D.。当我初为人母的时候我确实学会了更好地控制，因为当时除了想好好地爱我的孩子们，不对他们动怒以外，不想任何事情。而且有很多次我确实控制住了。当然，也有没控制住的时候，这让我感觉非常耻辱，非常失落，非常伤心。

但是好消息是，真正的好消息是橙色犀牛挑战项目使我最终处理好了我的 S.P.D.。我的 S.P.D. 再也不会让我大吼大叫了，是那种格外长而大声的吼叫，因为跟踪触发我吼叫的诱因会提高我的自我意识，并促使我想办法解决问题，去管理这个真正的大诱因。对于我来说幸运的是，我意识到并且能够接受我的 S.P.D. 的同时，又有一个诱因是，我一个儿子开始接受一些专业的治疗来与自己的 S.P.D. 做斗争。

因为他听到的所有，他告诉我的所有，和我们一起做过的"帮助他"的所有的训练实际上也让我知道了怎样控制我的 S.P.D.。

我知道了当我想要发怒的时候就做俯卧撑。

当外界的噪音让我承受不了时，我就戴上耳机。

我会轻轻地拽我的手指来让自己冷静下来。

我会吃像苹果一样脆脆的东西，让自己乱成一锅粥的脑袋理出头绪。

我学会了深呼吸，虽然我讨厌这样，因为这样时间会显得很长。

我学会了先睡一觉，这是调整我情绪的关键。

事实上所有的这些小窍门对于让我冷静下来，和释放感官冲击综合征非常有用，所以我决定也用它们治疗我爱发脾气的毛病，然后，你知道吗……我治疗 S.P.D 的窍门也适用于解决我爱发脾气的毛病！

回顾一下，学会去处理我的 S.P.D. 远比我想象的容易得多。你说会不会像我期盼多年的那样，我可以让我的 S.P.D. 完全消失，不会的，我只是橙色犀牛的一员，并不是圣母！但是，在我更加完整地意识到这个问题的严重性的过程中，我可以真正开始将之处理到不再成为大问题的地步。让我告诉你吧，那简直美不胜收。我现在不仅仅是一个可以控制情绪让自己冷静下来的榜样，而且我再也不会为没必要的事情对我的孩子们大喊大叫了。综合来说我觉得自己变成了更温和的人，也成了一个更好的母亲。（顺便提一下，我作为一个人也作为一个父母，此时此刻正在感激自己开始了停止发怒的旅程，并取得了内心多年斗争的胜利，因此而痛哭流涕。）

第 11 天：启示，行动与小建议

橙色犀牛启示
- 因为感觉自己处理不了诱因而对它不管不顾，这对我来说毫无益处，相反的，找出诱因的根源并且试着去了解和处理它，让我受益匪浅。
- 我比想象中更能控制诱因这点很让人高兴，假如当初我因为惧怕诱因而知难而退的话，我将永远不会知道怎样避免它。

今日行动
- 把能解决的诱因解决掉。挑出一件"可以处理的诱因"来在今天完成。利用头脑风暴的方法你可以阻止诱因的发生，即使是在它发生后你也知道如何应对，在进行头脑风暴的过程中，可以涉及到更多的朋友和家庭成员，毕竟多一个脑袋多一个主意。
- 把你遭受的诱因及解决方法写下来，这样你会感觉很实在，而且会有事在力行的感觉，例如：
  - 诱因：孩子不爱吃饭。
  - 计划：给每位孩子一种食物作为正餐，给第一个孩子玉米饼，第二个孩子黑豆，给所有的孩子玉米。
  - 如果计划不能正常进行不要大发脾气：用餐时使用橙色的餐巾来提醒自己要时刻保持冷静。

当你遇到这个突发状况时，你要记住你这是在练习，怎样才能少发脾气。不懈的战斗也是一种进步，正如弗雷德里克·道格拉斯所说："没有矛盾就没有进步。"你一直在进步中，学会怎样处理诱因需要一个过程，假如你今天没有主宰它也不要苦恼——成功需要前期的不断练习。

> 接受并不意味着听从，而是意味着按照事物的本来面目去理解它，而且相信总会有解决办法。
>
> ——迈克尔·J·福克斯[4]

今日小建议

冷静	在知道噪音将要来临时,佩戴耳罩或者是降噪耳机,以此来防止过度的噪音(比如说万圣节和狂欢节开始的那几分钟)。
	说"谢谢"。我表面上表现得越高兴,我心里就愈加开心,我心里越开心,我就能感觉到爱意,接下来,好吧,我越感觉到爱意,就越不想发脾气了。
燥热	嚼口香糖,嚼走我的纠结,让我妙语连珠。
火爆	拽一块培乐多(或者是橡皮泥、抹布或者是一切没有危害的东西)然后使劲捏,但是不要喊叫,一直捏,直到你不想发怒。

第 12 天

识别无法改变的诱因：
一天 25 个小时

詹姆斯出生之后的圣诞节，我祈求圣诞老人让圣诞节多一小时，但是我觉得他并没有收到我的祈祷，因为那天并没有多一个小时，也可能是他收到了但是没有答应我，因为圣诞节我只派发出了两块家制的饼干而不是 3 块，还有一个可能，最有可能的是，他选择送给我一个围巾或者是夹克，而不是多送我一小时，因为无论你是一个多么好的女孩，他都没有能将一天变成 25 个小时的魔法。

唉，我不觉得我能从圣诞老人那里得到一天 25 个小时，任何人都没有，这是个难题。

所有的理想和愿望都不能帮我实现我迫切渴望的一天 25 个小时，一天只有 24 个小时，并且总是只有 24 个小时，这是无法更改的事实。我知道，但是，我的意思是，我以为我算是一个聪明的女孩，我可以做到，但是至今我都没有得到，假如我真的做到了，我也确确实实接受了这个不可能的事实，有很多事情我不会去做，因为我知道从生理条件上看，在我所拥有的有限时间里我做不到所有的事情。

事实上，换一种思路，我能做到所有我尝试着去做的事情吗？我能否做到处理好我四个孩子的治疗时间表、课外活动和个人需要，同时还要在养大年幼孩子的艰苦岁月里维持着我对婚姻和工作的热情吗？更甚者，与此同时，我还要和我中意的、而且需要的值得信赖的那些朋友们保持联系？更更甚者，我还是三个不同学校的志愿者，因为我觉得作为母亲，我需要在学校里给予我的儿子们支持？对了，等一下，我可以在做所有这些事情的同时还打扫房间吗，并尝试做一些能升华我的灵魂的事情来安定心神，比如说做运动、写字或者走出家门用我的方式随机向朋友家人或者是陌生人施以善行。

理论上来讲，是的，我可以做到。

但是我做不到所有的事情。

我可以晚睡早起来做我想做的每一件事情，我可以一直给自己施加极限的压力，将所有的事压缩到一天的 24 小时里，这样做的原因仅仅是我想做所有的事情。而且如果真的全部做完了，我可以向我的丈夫哭诉我又对孩子们发脾气了，因为我心力交瘁。我可以向我的母亲哭诉我又对孩子们大喊大叫了，因为我并没有将事情做到预期的成果，对自己很失望，我做任何一件事都毫无乐趣，因为我老是想着我接下来还有很多不得不做的事情，我可以对自己哭诉，我又吼孩子们了，因为我是如此的不堪重负，以至于每一个微小的压力都将我推入万丈深渊。

是的，我可以在一天 24 小时内完成所有的事情。

但是我需要付出代价。

> ……不会以"不，你做不到，你没时间做"这句话作为回答。不将"No"作为回答——这是触发我吼叫最大的诱因之一。

我的孩子们也是这样（可能我生命中的所有人都有这个问题）。试图在我拥有的时间里做过多的事情，不会以"不，你做不到，你没时间做"这句话作为回答。不将"No"作为回答——这是触发我吼叫的最大诱因之一。事实上，在我开始参加橙色犀牛挑战项目所克服的所有诱因中，我壮着胆子说这是我完全无力克服的一个诱因。

其实事情的真相是这样的，我喜欢答应所有的事情，然后努力去完成，我喜欢给自己施加压力，来实现我能做到的所有，我喜欢尽量多做一些让孩子们觉得人生中有特殊意义的事情，比如说，为每一个节日精心装点，给他们写爱心小纸条，举办有创意的生日聚会等。我也会为我的朋友们和丈夫准备别出心裁的惊喜，不仅仅是我自己想以此为乐趣并让他们也开心，也是因为我想给孩子们做榜样，怎样为别人做好事。而且我很喜欢抓住机会，我总是告诉自己"我现在必须要这样做，要不然以后没机会了，这样你就可以做到了，加油"。

还有，比这更重要的事实是，我总是达不到预想的成果：总是因为个人的"自我牺牲"而变得喜怒无常，我不想因此再责骂孩子们，更不想对孩子发脾气，因为我已经发了太多的脾气了。

我清楚地记得那天，我试着重新回归我耽搁了很久的不再发怒的自我挑战的那一天，我曾经告诉过自己不要再发脾气，就像你们知道的那样，这是一个隆重的承诺，我也尝试着去减肥，假期结束了，我身材也变好了。哎，是时候增加点新项目了，我要挑战的太多了，多得都挤不下了，而且我也受不了自己想做太多事的缺点、不耐烦和无奈了。

当我看着自己要做的事情清单，思考着怎样才能做完所有的事情，我的儿子们一起在游戏室里高兴地玩耍，他们快快乐乐地拿出不同种类的积木，所有种类的汽车，所有的人物模型，还将沙发上所有的抱枕拿下来，堆砌成一个大城市/城堡，反正我不清楚那是什么东西，我应该把他们想成什么呢，一团糟！我又看了一眼自己的任务清单，完全受不了这个不堪重负的世界了，然后我开始发怒了。

"看这一团糟！简直是糟糕透了！永远都清理不完。"我大声咆哮。

四双眼睛绝望地看着我，因为我认为他们精心的创造物是一团糟，刚才我只批评了他们，却完全错过了和他们一起创造一起玩耍一起建造城堡的时光，其实我真没必要发火。

那不是一团糟，我才是一团糟。

我一直沉浸在悲伤中，我已经不止一次对无关紧要的事情大发雷霆，而且习惯对无关紧要的事情生气，比如说，啜冰棍，我的意思是，啜冰棍真的值当被责备吗？太荒谬了，让我深受打击，我经常在他们享受生活的时候（当他们做事其实合乎常理的时候）对他们发脾气，通常在那些情况下无一例外地都会对他们发火，我这样时不时的发火让他们对生活的热爱都缩水了，同时也剥夺了他们的乐趣和欢笑。

意识到这点的那一瞬间仿佛有人给我当头一棒。

我需要马上戒掉的不只是爱发脾气这一点，我还应该停止幻想有一天可以有25个小时，让我做完所有的事情。我需要，不，是想开始和我的儿子们一样的生活，而不是要求太多激进形式的生活。

那一天，我把"想象自己是无所不能的"加进了诱因的挑战清单里，因为我完全领悟到了一天不可能有25个小时，我也不是无所不能，而且我做不到无论谁指派给我的什么事我都能即刻完成。现在我不敢说我已经完全接受了这个事实，有时候我还是要尽力不去占有太多，而且去接受"爱自己的孩子、家人和朋友并非意味着为他们殚精竭虑"这件事，我发现我还是毫无边际地幻想，幻想着有一天所有的事实都能奇迹般改变。

但事实并没有这样。

如果我不想让这些诱因一直像这样困扰我，我需要完全明白这些事实不会改变，我一旦领悟了这点，我会更容易做到不给自己施加太多的压力，相反的，我想让每天都充满了和孩子们相亲相爱的经历。

第12天：启示，行动与小建议

橙色犀牛启示

- 最让人愤怒的是明白有些诱因是不能被改变的，这样我也就释怀了，因为我不用再投入精力去改变它们和我的观点——我只需要集中精力去改变我的态度就可以了。
- 孩子只需要做个孩子，做孩子该做的事就够了，不管我如何努力试图改变，这都是不争的事实，而且可以肯定的是无论我发多少次火也没用。

今日行动

- 对不能被改变的诱因有认知，回顾你的诱因，然后辨认出一件无法改变的诱因，并且将精力集中在这件事上。
- 将为什么这些诱因无法改变的原因写到笔记本上。然后围绕着这个诱因写一些有益于你改变自己态度的笔记。例如：丈夫总是不叠被子，因为他都已经这样10年了，所以，如果我能了解到这个原因，然后自己把被子叠好，我会更高兴地开始我的一天。
- 在社交网上分享你的笔记以便更全面地接受诱因无法改变这一事实。你分享得越多，你就越能更自然地开始意识到诱因不会改变，但是你可以改变。

  我知道今天的启示和方法读起来很难懂，更难于理解，今天当你处理这些想法的时候对你自己仁慈一点，你不得不考虑一下这件事的难度，比如说不能改变的诱因本身就是一个诱因。这会提醒你回忆起自己承诺的标志物，同时可以鼓励你的朋友围绕在你的周围。这些困难的日子，以后会让你的未来更轻松！

> 人永远不要对两件事情生气，一是他们能帮上忙的，一是他们帮不上忙的。
>
> ——柏拉图[5]

今日小建议

冷静	关掉灯,这会让孩子们停下手中正在做的事情(啊,发生什么事情了),然后他们即刻就会冷静下来。作为奖励,可以在晚餐的时候点一个蜡烛,享用一次烛光晚餐。
燥热	在混乱最激烈的时候召开家庭会议,让每一个孩子一起讨论问题并分享解决方案。
火爆	将孩子们的年龄大声喊出来,这会提醒到你,你的孩子们还只是孩子。"我的天啊,你才 4 岁啊!"对了,4 岁,不是 5 岁。当然,他还处在学习听的阶段。

成功并不是一时冲动,而是微小的努力的累积。

大事并非一蹴而就,而是靠一点一滴小事的积累。

——文森特·威廉·梵高[6]

第13天
接受不能改变的诱因：
我不能改变我的儿子

　　安德鲁以前发过烧，但是就在他1岁生日之后，他开始了全身上下体温都在104°F～105°F之间（40℃~40.5℃）并且持续一个星期到10天时间的发烧，这样烧下去意味着他的嘴巴舌头因为生疮而不能吃饭喝水，只会因为疼痛而大声哭喊，也意味着只要他的烧一退下去，因为经过前几天那样的折磨，他就会又困又饿，他就会又哭又闹地过一周，因为他不会说话，没办法让我们知道他想要什么，他的病症经过诊断后被确诊为周期性发热综合征。

　　作为他的母亲，也作为他的病症发作时朝朝暮暮和他同在的人，我对他的病有一个不同的诊断，官方的？那是让他学会怨天尤人的感冒，那是耽误他学习说话的感冒，让他变得很狼狈的感冒，也让我很狼狈的感冒，让我想要发怒的感冒，真正意义上的发怒。

　　当我写下这些时，眼泪嗒嗒地落在了键盘上，我的小孩子，我亲爱的安德鲁，遭受着这样一月一次的重感冒已经10个月了，他生命中的第二年就是这样一直不舒服地度过的，但是我又为他做不了什么，什么都做不了，他因病痛而无奈地哭喊着，他都不能告诉我他想要什么或者是需要我为他做什么，好几次当我真的不知道该怎么应对时，我会对他大吼回去，"停"或者是"够了"。我很刻薄，我很伤人，我很令人不解，这些情况发生的日子不多而且是很久以前的事情了，但是，直到今天，我还是讨厌那些日子，更不要说去回想了。

　　我只是生气了而已。

　　当然我不是生他的气，我只是气当时的情况，我只是气我们不得不等着看这种周期性发热综合征会不会在他十岁之后就没有了，这种病也可能会伴随他一生。我气的是我帮不了他，我不能帮他解决问题不能让病痛远离他。我气的是每次我们去野餐，我都害怕他的病会发作，然后差不多一个月的时间他都会在病痛中度过，哭闹会变成家常便饭，歇斯底里，并且我们之间缺少沟通，病好了没有都不知道。

　　我气的是我接受不了我们这种新的生活方式，我不想接受每场病会持续很长一段时间，我不想接受这些让他哭喊的情况，我不能接受我要将母爱的关怀无时无刻的关心都倾注在病症还发的状况上。我不想让一次野餐变成考验和批判我作为母亲和我儿子作为一个孩子是否称职的事情。我也不想接受的是，因为发高烧他连话也说不了，也就意味着我们不仅要在他生病时努力理解他想要什么，还要努力理解他的病什么时候好了。我不想接受"妈妈我爱你"听起来离我那么遥远。

不，我不想接受这个情况下的任何一部分，我一直怀着一种悲伤又无奈的感觉，不知道在这种情况下，作为一个母亲应该怎么办，怎样让不只是安德鲁，还有出现在我生命中的任何一个人，少受点苦，病好得快点。

我多么想要结束这十个月，突然一下感冒就那样过去了，我，当然是假设（更像是绝望地希望着）能像那样，他说话清晰了，大发脾气的哭喊声也清晰了，我的压力也全然消失了。

但是，并没有。安德鲁一说话喉咙就疼，这样持续了2年，这并没有激励安德鲁去倾诉，只是让他一直在大声喊叫，就像默认的那样，也让我一直大声喊叫。

在退烧之后不久，在吼叫开始变得越来越激烈之后，我发现自己蜷缩在角落里，歇斯里地哭起来。我只是再也不能忍受这些大发脾气的喊叫了。我只是无法忍受又是这样的一天，他因为一个字都说不出来而把带吸管的杯子砸向我。我只是无法忍受又是这样的一天，他因为无法说话而把脑袋往墙上撞。**我歇斯底里地哭了起来，因为我无法忍受又是这样的一天，觉得对我自己的儿子如此生气，以至于我想直接冲他大喊大叫。**

最终我还是坚强地站起来了。

我走进厨房，拿起电话，最终接受了我需要别人帮助的事实，我拨通了语言治疗师的电话，这个号码我几周前就已经拿到了，但是我没有打，因为我不觉得我改变不了我儿子的问题。

幸运的是，语言治疗师雷切尔，成了安德鲁的救星，她给予他爱，帮助他，让他学着去说话，然后告诉你们吧，最后他还是开始说话了，"妈妈，我安你"。我的心被融化了，那种感受无法言表。一天，他跟我说："妈妈。橙色犀牛！"……好吧，那一天我喜极而泣，不仅仅是因为他切切实实使用语言了，更是因为他有自己的想法，会表达自己了。安德鲁学会说话和表达，这是一段漫长又常常充满痛苦的旅程，至今他还在一点点地进步，还是去看雷切尔医生。

而我也在一点点进步，也在努力做到在他大发脾气大喊大叫的时候耐心地对待他。

每一天，我都尽力地提醒自己接受目前的状况；接受自己日程表上与安德鲁谈话的时间一再延迟，以及我对这件事的毫无办法；接受我不能远离这种掺杂着尖叫训练的岁月；接受我无法远离这种挣扎的事实。

每一天，我都尽力去接受安德鲁在努力沟通的事实；接受他大发脾气喊叫并不是因为想惹怒我，而是因为那是他长久以来的惯例；接受他要花很长时间才能完全打破这种习惯的事实。

每一天，我都尽力地接受安德鲁也许会在公共场合大发脾气地喊叫，这是我们现在的常态；接受他大声喊叫的时间可能比我设想的更长，或声音更大；接受在上述情况下我要努力地做高效的父母；接受我肯定会遭到围观者们的嘲笑、议论，以及很有可能对我的斥责。

每一天，我都试着接受美国作家罗伯特·埃利亚斯（Robert Elias）的名言"如果你战胜不了，又无法逃离，那就顺其自然"（If you can't fight and you can't flee, flow）。

当我知道我的儿子在努力改变的时候，我不想与他斗争，而且我肯定不想逃离他，因为我爱他。

所以，每一天，我都会提醒自己顺其自然，接受这种情况，接受安德鲁和他的大声喊叫，接受事情比我设想的还要难。因为当我确实接受的时候，真真正正地接受这个现实的时候，那些日子变得美好了许多，而且避免冲我可爱的儿子无谓地吼叫也变得越来越容易。因为在那些日子里，我不会一直带着怒气，我随身带着无条件的爱、同情，知道在这种情况下我们都在努力地做到最好，而这才是真正重要的。

> 所以，每一天，我都会提醒自己顺其自然，接受这种情况，接受安德鲁和他的大声喊叫，接受事情比我设想的还要难。

第13天：启示，行动与小建议

橙色犀牛启示
- 我总是将消极的能量投入到不能改变的事情上，所有的消极情绪不断增加，让我变得对孩子漠不关心，并且达到了每一件事都让我发怒的地步。
- 认识到有些事是我所不能改变的，这听起来难，但是一旦做到了会让生活轻松一些，并且会让你充满了正能量。当我接受不能改变的诱因之后，我想要发怒的欲望就降下来了，而且我跟生活中每一个人的关系都好起来了。

今日行动
- 接受改变不了的诱因。再次回顾一下你今天集中精力解决的诱因，一遍一遍回顾以便更深层次地接受它，"我不能改变它（诱因）但是我可以改变自己"。如果有必要的话将这句话说1000次直到你相信这句话，如果你想每天都记着这句话，就将它写在便利贴上，贴在你每天要开的抽屉上。
- 写下当这个诱因发生时可以马上改变你态度的两三个方法。例如：回想和这个人有关的美好回忆。你已经克服了的难题，练习着去感恩，给朋友打电话。
- 如果有需要的话，用哭来释放自己的无奈伤心和失落。（我以前是这么做的，现在还是。）释放所有的委屈，不要压抑自己，最后你会哭出声来，有时，这是你想要生活继续下去的需要，让自己知道什么才是你想要感觉而又害怕感觉到的。

　　我知道这不容易做到，而且我也通过我的博客了解到每个人至少有一个或者两个他们想要完全平和下来的诱因，或者是想要学会控制自己控制不了的情绪。是的，有些事情我们无法控制，让人很无奈，接受它——也接受你可以控制自己如何回应它——那么诱因会变得更轻微一些。

> 请赐给我宁静，接受我不能改变的；给我勇气，改变我能改变的；并给我智慧，以分辨它们的差异。
> ——雷茵霍尔德·尼布尔[7]

今日小建议

冷静	挑选一些家庭照片做成专辑，旅行的记忆列车会把每个人都带到快乐安详的地方。
燥热	使用标牌语言，我的孩子们喜欢我用无声的暗语让他们做一些事情，怎么会不喜欢呢？比大声喊叫的命令方式强多了。
	告诉自己"嘿，事情可能会更糟的"，预判一些事情，并学会感激你所拥有的。
火爆	将手指放到嘴巴上作"嘘"的手势，这会在生理上阻止你大吼。

当我们感觉到沮丧时，我会出示"我爱你"的标志来让大家的思想重新聚集于幸福的一面，消极的思想（和表现）也就因此消失得无影无踪。

第14天

练习原谅:
我思故我吼

好吧，所以那个，哇哦，这一章会相当沉重，而且深刻到一定程度，你说呢？

希望这个小故事会对你有点启发，可以让你笑一下，你没听错，是的，我十分想要被嘲笑一下，这样会让我冷静下来。

在橙色犀牛挑战的早期阶段，就是在我刚刚开始追踪触发吼叫的诱因时，我发现，如果我满脑袋都在反复思考一个问题，我似乎会想要做些无谓的吼叫，或者会比平时更快地吼叫出来。根据我的跟踪诱因表，这一点已经得到了证明，而且经常发生。甚至比这更多。

如果事情没有按计划进行，不管那是指一次生日聚会，一次假期，一次约会之夜，或者一次家庭出游，我都会细细思考失去了什么，有什么是本来可以更好的。

如果我和妈妈言语不和，说话费劲，或者和我儿子互动时生气了，接着我就会细细思量发生过的事情，还有我本来可以怎么做更好，应该怎么做更好，如果对方没有对我说什么话或做什么事就好了。

如果这一天我没有把所有的事做得像我期望的那样好，或者是没有将事情做得像我喜欢的那样，尤其是我博客上的发帖，我就会细细思量我的不完美。

如果我和一位朋友通过电子邮件交流，之后我就会因为我们没有像以前那样保持密切的联系而倍觉伤感。或者如果一个礼拜我过得太忙了，因而没时间给朋友打电话或联系他们，我就会感叹要平衡生活中重要的事情何其困难呀，我会因此感到失望，然后我就会开始细细思量，觉得自己不是一个好朋友、好妻子、好妈妈，因此而心神不安。

是的，我就是个"深思女王"！我知道这不是什么全新的情况。我一直都知道，我有这种细细思量的倾向。只是我没有意识到（或者没有想去意识到），我这种细细思量的倾向也会创造出想要大吼大叫的倾向。但是，天啊，一直以来确实是这样的！如果某件消极的事情发生在我身上，我立即会产生一系列的反应，那就是去想啊想啊想啊想，直到那些细细微微的沮丧、受伤、心烦、迷愀或失望的情绪，渐渐变得如此之大，并且无处不在（也许变得无所不能了吧？），如果这个时候哪个孩子胆敢要我帮忙，或者和哥哥弟弟打架，或者打断让我沉醉其中的消极思考状态，那么我就会吼吼吼吼吼吼吼吼！哦，是的，深思会让我用语言指控，而且表现不俗。

对这种新发现有了感知，我开始想做些事情，就像我开始橙色犀牛挑战初期的那些日子里训练自己的那样：我开始思考（好吧，是细细思量），思考我应该如何管理这个诱因。我发现我毫无头绪。作为多年的专业深思者，很显然我不知道如何避免成为这样的人。无心插柳柳成荫，在我发现这个诱因后的那天，我坐在一个休息室里，偶然间翻到一本杂志上的一篇文章，内容是怎样帮助人们停止坏习惯。考虑到当时我正在努力克服冲孩子大吼大叫的坏习惯，我翻开杂志，如饥似渴地读起了那篇文章。

克服反刍的第一个习惯。我的第一个想法是什么呢？反刍到底是指什么呢？

在读了描述反刍的那段介绍性文字后，我的第二个想法是："哦，天哪，我一直在抗争的这个问题竟然有一个别致的术语。我是一个反刍者。"

我的第三个想法，因为我的脑袋经常有一些非常奇怪、非常荒唐的联想，尤其是一些傻兮兮的有韵律的词句："**我是女性终结者，你已经被锁定为女性终结的目标。**"

是的，我在这里坐下来，拜读一篇重点在于如何帮助我停止反刍的文章，然而我的思绪却驰骋而去，开始想《美国派》（*American Pie*）[8]这部电影里的谢尔曼还有他如何佯装"女性终结者"（Sherminator），而不是"终结者"（Terminator），去试着搭讪女生们。

虽然谢尔曼的搭讪从来没有真正成功地帮他勾搭上一个女孩，但我想说的是，他的那些台词非常成功地让我结束了反刍，并因此停止了对孩子吼叫。每当我发现自己开始深思的时候，我就会对自己说："**我是一个反刍终结者，问题已经被锁定为反刍终结的目标。**"

然后我就笑了，无论何时我想到谢尔曼的小技巧，或者是不由自主的，我不由自主地对自己说，而且不像是以我的口吻，倒像是以谢尔曼的口气说的，我总是提醒自己，我不是真的想做一个反刍者，这样会触发我大喊大叫。我需要放下，然后继续前进。换句话说，我需要停止反刍，然后开始去做一个……

等一下，等一下，别说……去做一个终结者！啊哈，我就是一个工具！我希望现在你在微笑，至少以超酷的终结者的口气与我一起说这句台词："我是终结者，沉思行为已经被锁定为终结者的目标！"

> 这意味着，如果我冲孩子大吼大叫，也要一遍一遍又一遍地原谅自己，因为没有这种原谅的话，就不会继续前进。那样只会让你因为自己的吼叫而觉得自己很蹩脚，只会让你吼叫的次数越来越多越来越多。

不过，言归正传，要停止大喊大叫，我就必须开始对反刍者说"拜拜"，对成为终结者说声"嗨"。我必须开始强迫自己停止反复想那些会让我心情低落的问题，因为那只会让问题变得更糟糕。这会让我置身于更糟糕的精神状态中，并因此让我的孩子们置身于一个更糟糕的处境之中。这不仅包括要放下与其他人之间的消极互动。哦，不。它还包括放下，并且再也不要反刍我与自己的消极互动。

这意味着，再也不要因为自己不够苗条而一次又一次地苛责自己了。

这意味着，再也不要一遍又一遍地告诉自己我这个妈妈当得不够好。

这意味着，再也不要一遍又一遍地压抑自己了，尤其在我犯了一个惯常的错误，比如对我的孩子厉声说话的时候。

还有，这意味着，如果我冲孩子大吼大叫，也要一遍一遍又一遍地原谅自己，因为没有这种原谅的话，就不会继续前进。否则只会让你因为自己的吼叫而觉得自己很蹩脚，只会让你吼叫的次数越来越多越来越多。

我尝试了好几次才把控住了橙色犀牛挑战。第一轮我进行了大约 8 天时间。后来我冲孩子吼了。然后我细细思量我的错误。然后细细思量。然后再细细思量。最后，我确信就是这种反刍让我一直吼叫，它让我不能朝目标前进。克莱夫·斯特普尔斯·刘易斯[9]完美地描述了我的问题："度过一段痛苦的经历，就像攀爬猴架[10]一样，为了能前进，你得在某个时刻放手。"好吧，但我就是无法放下自己"犯了一个错误"（你懂的，人都这样！），也放不下我对自己的失望。我就是一直在想啊想啊，想我的错误，而且不是以类似下面这种积极的方式想，比如，"我该怎样搞定这个状况呢？我该怎样采取积极的行动继续前进呢？"，而是常常想着"在不吼不叫这件事情上，我真的是太烂了"。

不用说的是，我细细思量得越多，终止反刍想法就越难。我需要接受的是，

第 3 章 练习管理诱因

我是一个人,我会犯错误,比如冲孩子吼得次数太多。所以,最后我接受了这一切。

　　我大发脾气的那一天,我终于变得能够接受自己的努力不懈。那一天,我没有细细思量我的过错,而是庆祝我至少有 8 天没有大吼大叫了,这一点非常好。那一天,我终于停止了反刍"打破我记录的吼叫",而且我原谅了自己。那一天最后成了我成功做到连续 365 天不吼不叫的第一天。

> 一个人不会太快忘记自己的过错和轻罪,因为细细思量这些会增加他的罪过。
>
> ——亨利·大卫·梭罗[11]

第14天：启示，行动与小建议

橙色犀牛启示
- "本来应该"是非常危险的词语，它会促使你反复思量，并由此让你大吼大叫。"下一次，我会……"则是较为积极的话语。
- 反复思量，和大吼大叫一样，都会让事情变得更糟。
- 越是将精力集中在生活中的消极方面，越是看不到人们好的一面，尤其是对孩子们，当我以消极的眼光看他们时，我连说话都变得消极了。
- 我很容易原谅别人的错误，但是我却不容易原谅自己，我应该多原谅自己。

今日行动
- **练习原谅**。原谅自己过去所有的大吼大叫，练习大声地说出来。是的，要大声，因为你必须大声地说给一个朋友听："我原谅你过去冲孩子吼叫可能造成的错误，我只是一个普通人。"
- **放下你无法改变的诱因**。对于我来说，不要把太多精力放在上面，而是要用心去面对，去应对，如果我感觉需要发泄一下烦恼的话，我会这么做，不让我的神经过于紧张。但是，我现在致力于去缩短消极情绪发生的时间，然后让自己集中精力于积极的想法和事情。

今日小建议

冷静	开始吹泡泡，这让我找回童心，然后少一点担心，我应该放下并且冷静下来。（这也会让你呼吸平稳心率下降。）
燥热	如果周围有可以帮助你的人，标记出来，得以控制自己然后寻求帮助。如果你找不到，和孩子们玩捉迷藏，这个练习会让你放下发脾气的欲望。
火爆	摇一摇你的身体，手臂和大腿。你懂的，就像你告诉孩子们把傻气都摇掉一样，摇掉你的压力和怒气。

亲爱的正在形成之中的橙色犀牛：

　　我只是想花点时间，为你写下一张鼓励的纸条，因为我知道停止大吼大叫的旅程真的困难重重！我知道，放弃有多么蛊惑人心，尤其是在改变来得不像你希望的那样迅速的时候。哦，我太知道这一点啦！但是请不要放弃你自己，不要放弃这段旅程或这个过程。你能做到的。只要看看你有多么深入钻研这本书的事实，就能证明你想要改变的决心有多么坚决。紧紧抓住这份决心，让这决心还有你对孩子的爱敦促你继续向前，做出改变吧。改变会发生的。可能不会按你希望的时间如期到来，但它会发生的。当你对自己的进步觉得情绪低落的时候，想想我最喜欢的那句新的名言，那是我在这段旅程中发现的一句话，一直促使我继续向前：

　　"胜利不是一蹴而就的，而是一点一点赢得的。现在赢得了一点点，守住你的地盘，随后再多赢得一点点。"

——路易斯·拉穆尔[12]

　　当你继续阅读的时候，请记住下面这四个真正重要的东西：
- 如果你大吼大叫，那并不意味着你就是个失败者，它只是意味着你学到了一些新的东西，知道了什么不管用。
- 你并不擅长这一点，你和我们所有人一样，需要每天努力逐步提高。
- 你做的比你意识到的要好，你意识到自己想要改变，并尝试了，这是你迈出的一大步，前进的一大步。
- 你是一个了不起的人，了不起的父母，每天都会露面并竭尽所能做到最好。

　　想到了你，并祝你一路都有好的氛围。

——橙色犀牛

译 注

[1] 阿梅莉亚·玛丽·埃尔哈特（Amelia Earhart，1897年7月24日出生，1937年7月2日失踪，1939年1月5日被宣布逝世），著名的美国女性飞行员和女权运动者，是第一位获得十字飞行荣誉勋章、独自飞越大西洋的女飞行员。1937年，当她尝试首次环球飞行时，在飞越太平洋期间神秘失踪。

[2] P.D.伊斯曼(P.D.Eastman,1909—1986)，美国著名的卡通剧作家、儿童文学家，插画家。《你是我的妈妈吗？》（*Are You My Mother?*）以及《狗狗向前冲》（*Go, Dog! Go*）是伊斯曼最享负盛名的作品，入选美国儿童必读的100本童书之列。

[3] 苏斯博士（Dr. Seuss），出生于1904年3月2日，二十世纪最卓越的儿童文学家、教育学家。一生创作的48种精彩教育绘本成为西方家喻户晓的著名早期教育作品，全球销量2.5亿册，曾获美国图画书最高荣誉凯迪克大奖和普利策特殊贡献奖，两次获奥斯卡金像奖和艾美奖，美国教育部指定的儿童重要阅读辅导读物。

[4] 迈克尔·J·福克斯（Michael J. Fox，1961年6月9日—），加拿大—美国演员、作家，曾五次获得艾美奖和四次获得金球奖，代表作为电影《回到未来》三部曲和电视剧《家族的诞生》（*Family Ties*）、《旋转城市》（*Spin City*）。

[5] 柏拉图（Plato，约公元前427年—公元前347年），古希腊伟大的哲学家，也是全部西方哲学乃至整个西方文化最伟大的哲学家和思想家之一。他和老师苏格拉底，学生亚里士多德并称为希腊三贤。

[6] 文森特·威廉·梵高（Vincent Willem van Gogh，1853—1890），荷兰后印象派画家。出生于新教牧师家庭，是后印象主义的先驱，并深深影响了二十世纪艺术，尤其是野兽派与表现主义。梵高去世之后，作品《星夜》、《向日葵》与《有乌鸦的麦田》等，已跻身全球最著名最珍贵的艺术作品行列。

[7] 雷茵霍尔德·尼布尔（Reinhold Niebuhr，1892—1971），二十世纪美国最著名的神学家、思想家，是新正统派神学的代表，基督教现实主义的奠基

人。他的思想和活动深刻影响了20世纪的美国社会，是美国社会变革的推动力量。这是她在1934年写下的祷文。据说二战时这篇祷文不胫而走，在美国印刷了超过4000万张，出征的士兵人手一张。1976年卡特当选美国总统，将他的著作摆在床头，称为他政治生涯中的"圣经"。

[8]《美国派》是由克里斯·韦兹、保罗·韦兹执导，贾森·比格斯等人主演的一部喜剧片。于1999年9月2日上映。影片讲述了四个高中男生为了摆脱处男之身所做的各种努力的故事。

[9] 克莱夫·斯特普尔斯·刘易斯（Clive Staples Lewis，1898—1963），又称C.S.路易斯，是英国20世纪著名的文学家、学者、杰出的批评家，也是公认的二十世纪最重要的基督教作者之一。他毕生研究文学、哲学、神学，对中古及文艺复兴时期的英国文学造诣尤深堪称英国文学巨擘。他一直任教于牛津大学和剑桥大学。他编著的作品很多，也写了不少童话，最有名的代表作首推七部描写"纳尼亚王国"的系列童话——《魔橱》《凯斯宾王子》《黎明踏浪号》《银椅》《能言马与男孩》《魔术师的外甥》《最后之战》。

[10] 猴架，供儿童游戏和攀爬用的一种架子。

[11] 亨利·大卫·梭罗（Henry David Thoreau，1817—1862），美国作家、哲学家，超验主义代表人物，也是一位废奴主义及自然主义者，有无政府主义倾向，曾任职土地勘测员。其思想深受爱默生影响，提倡回归本心，亲近自然。代表作有长篇散文《瓦尔登湖》。

[12] 路易斯·拉摩（Louis L'Amour，1908—1988），西方小说的代表人物之一，一生创作了86部长篇小说，14部短篇小说集和一本非小说的书，至少有45部小说改编成了电影或电视剧，成为美国最多产和最畅销的作者之一。1983年，获得美国国会金质奖章。他的作品大部分讲述美国西部开发的故事。

第 4 章

准备勇往直前

第 15 天：选择个人目标

第 16 天：创造积极的自我肯定

第 17 天：好好照顾你自己

> 成功的一个重要关键在于自信，自信的一个重要关键在于有所准备。
>
> ——阿瑟·阿什[1]

看到这里，你知道的，我努力尝试了好几次，最后才成功做到了连续365天不吼不叫。你也知道的，最终我没有重新开始，关键因素在于我原谅了自己"错误的吼叫"。还有其他的关键因素？2012年2月17号，是我成功坚持365天不吼不叫后的第一个早晨，我醒来，不再怀疑自己。我一开始接受这个挑战，是因为肾上腺素激增，以及我迫切地想证明那些怀疑我的人是错误的，所以我成功了。但是这种感觉只持续了不长的时间，而且在8天以后，当我又一次大吼大叫的时候，这种感觉彻底消失了。突然，我开始怀疑自己。这种自我质疑，还有随之而来的对我"错误的吼叫"听之任之的无力感，都成了阻碍我成功的魔障。但是2月的那天清晨，我清楚地记得，我睁开眼，感觉到前所未有的自信，因为我意识到在这之前的每一天，都为我以后的成功打下了基础。

进展顺利的那些日子让我知道了什么可以帮我保持冷静，以及我需要做什么、怎样做才能保持镇定。而那些不太愉快的日子则让我懂得了什么肯定不会奏效！这个突如其来的新认知让我觉得，我已经准备好迎接出现在我成功之路上的任何新挑战，因为我知道，我已经拥有了足以战胜它们的方法和经验。援引自网坛明星阿瑟·阿什的这句话再精确不过，正因如此，我建议大家，在你正式开始《少些吼叫多些爱》的挑战之前，先用接下来的三天做一些"最后的准备"，建立自信，让你开始走向成功。

第15天

选择个人目标：
如果我能刚好坚持到上午9点5分……

没有一个更具说服力、更玛莎·斯图尔特式的说法来描述这件事：在我家，孩子们要上学的每个早晨都像是一场无比兵荒马乱的暴风雨，现在有时仍然如此。正如我在前面提到过的，我本就是一个不爱早起的人。我通常要用两个小时起床和整理内务，这就让我晚了大概两个小时。即使前一天晚上我休息得很好，也很难在早晨达到最佳状态。所以我很暴躁。而且危险，令人危机顿生的暴躁。对，你们猜对了：这让我很难保持镇静，做到不吼不叫。匆忙的早晨，我要忙着把早餐端到桌上，把午餐打包，把撒完尿穿好鞋的孩子们按在桌边，还得忙着维持秩序，因为一夜之间这些孩子好像都忘了该怎么愉快地玩耍了！真的，我发誓，我的每个早晨都是以重新教给他们与人为善的基础开始的！好吧，也不是每个早晨，这么说有点不公平，更确切地说是一周至少有两三天吧。

在一个十分可怕、糟糕透顶、艰难异常的早晨，我丈夫打来电话，故作天真地问我："嗨，早晨怎么样呀？"我大哭起来并喊着说："我就是做不到！我再也做不到了！我讨厌早晨！太难了！我分分钟就会发疯！别想什么橙色犀牛挑战啦！我放弃！！"

当母亲的身份把我逼到崩溃的边缘时，他总是我的后盾，他问我："现在几点了？"

"你什么意思？"我怒气冲冲地说，"真是个愚蠢的问题！这里是8点27，和你办公室的时间一样啊。"

"好吧，现在8点27分。那你什么时候出门送孩子们上学？"

"8点50。"

"好。那你要送几个孩子？"

"3个。这你都知道的。你怎么老问这么蠢的问题？"

"那你和麦克什么时候返回到家让他小睡一会儿？"

"9点过5分。"

"好。所以你只需要坚持到8点50。这是23分钟。你可以的！23分钟以后，这些熊孩子就会被安全带锁在座位上，谁也碰不到谁。"

"嗯……嗯……"我一边啜泣，一边擦着鼻涕，同时还有人正把早餐抹到我腿上。

"然后你就只需要再坚持到9点过5分，麦克就睡着了。这才只有15分钟。再然后你就有将近两个小时的安静时间，再次睁开眼，准备好让今天向着更好的方向重新开始。"

"嗯……嗯……"

"23分钟，宝贝。然后再15分钟。就到9点过5分了。你可以的！你一定行！"

他说得完全正确。我可以的！这是一个可预见的、容易达成的目标。为了撑过这区区23分钟，和接下来的区区15分钟，我可以不惜代价。我不停地一

第4章　准备勇往直前

遍又一遍告诉自己，只需要坚持到9点过5分。我不必担心如何做到一整天不吼不叫，也不必担心在10个小时又33分钟的时间内怎样才能不吼出声。我只需要关注这38分钟不吼不叫就可以了。38分钟。我可以的！相比于10个小时又33分钟，这真是一个更容易应付的任务和更振奋人心的目标！

你们知道吗？我做到了！我成功地熬过了那天早晨，没吼没叫……好吧，某种程度上是这样。在我的小型货车门"砰"地一声关上，最后一个熊孩子也走进学校的那一刻，我大喊了一声"耶！"，声音响亮又高亢，以至于老师都回过头来看看是不是一切正常。哎呀！当然正常了！简直不能更正常！没吼没叫，我撑过了一个可怕的早晨，感觉太自豪了！那天早晨，我一直忍不住想说："管它呢！吼吧，没关系！"，但是我拼命地坚持下来了。回到家，放下麦克让他睡觉，然后我就开始庆祝，享受家里难得的安宁和平静，啜饮着我早晨没来得及喝早已冷掉的咖啡。(注：自从有孩子以来，我喝过一杯热咖啡吗？或者至少经微波炉加热五六次的一杯热咖啡？呃，没有！)

想想那艰难异常的早晨，那天剩下的时光过得出奇地愉快。事实上，那天过得太顺利了，甚至我都想不起来有那么一刻我曾流着泪和我丈夫打电话，或是想着要放弃。但是，当我扑通一声倒在沙发上，端着一杯热的脱因咖啡，边享受着安静，边惊觉于我还得不吼不叫地撑过一天又一天的事实时，我总结出了两个惊人的结论，现在我仍能清晰地记起，而且每天都在践行着。在没有人打扰，也没有负面情绪作祟的情况下，我十分舒适，也在思索我到底是怎么不吼不叫熬过这一天的。我想说，我丈夫确实给了我一些帮助，但我觉得还是有必要深究是否有其他原因帮助了我，如果有任何原因的话，这样第二天早晨我就可以动用新发现的秘密能量了。

几乎是马上，我就意识到：我并没有真正的秘密能量。这真是一点儿都不爽。如果有魔力能让我不吼不叫，那就太酷了。那样就会让生活变得容易得多。但是，唉，我认识到了下面两个事实，还是获得了一些能量：

第一，如果我能保持足够的冷静，坚持到9点过5分都不吼不叫，那么，在把孩子送到学校时，他们心里（和脑海里）满满的都是爱，而不是愤怒和尖酸的感受，那一天会过得比较顺利。一天能有好的开始对我们所有人都有好处。这不仅让我更加相信自己可以做到不吼不叫，也让我的孩子们增加了幸福感和情感联系，我认为这些可以帮助他们更好地学会倾听，也让我更容易停止吼叫。

第二，只需关注坚持不吼不叫直到早晨 9 点过 5 分，而不是晚上 7 点，这个认识会让不吼不叫的整体挑战感觉更容易。我知道，要做到整整"365 天不吼不叫"的目标给了我很大的帮助，因为它清晰明确，激发了我的积极性。但是，我不撒谎地说，有时候也真的让人望而生畏。你们能理解我的，对吧？365 天乘以 14 个小时，要做到不吼不叫，这个时间太长了。但是，365 天如果只乘以上学之前的 3 个小时，哇，真是可行多了。

第二天，我就采用了这两个强有效的新见解，并开始把我的一天分解成更小的片段。是的，我坚持 365 天不吼不叫的长期目标，但同时我也设定了一些较小的目标：熬过早餐时间；熬过准备上学的时间；熬过孩子们放学回家后过度活跃的时间；熬过作业时间；熬过晚餐时间；熬过洗澡时间。设立小的目标，以帮助我实现大的目标，这让我的想法改变了，之前我总是忍不住想"嗷！我必须熬过这一整天"。现在我想的是"好吧，我只需要撑过眼下这一会儿就可以了"。采用后一种想法，让我很容易并且很自然地开始说："哇哦，我又完成了一天呢！"

几天以后我丈夫又问我早晨的情况。作为一个要强的女人，我不想承认是他"就撑到 9 点过 5 分"的建议彻底改变了游戏规则。你们懂的，我就是不想承认他是对的。我有没有说过我很要强？所以我回答说："早晨比以前好过多了。那天早晨你的建议让我想起了我经常提起的赫伯·凯莱赫[2]曾经说过的一句我最喜欢的话：'小处着想小处行动，我们就会越来越强大；大处着想大处行动，我们就会越来越弱小。'我之前一直想的是要干就大刀阔斧，否则就无所作为，所以我总是专注于一整天都必须不吼不叫。但当我开始一次只关注一个短的时间段，事情就变得容易多了。这些短的片段增长、累计，就是一整天。"

"哦，所以你的意思是我的建议是有用的。"

"嗯。我猜是吧。"

"所以我是对了喽？"我丈夫挑着眉笑着说。

"是的，亲爱的，你是对的。"我充满感激地回答。

虽然我心中有很小一部分讨厌他说的是对的，但我内心的其余部

> 是的，我坚持 365 天不吼不叫的长期目标，但同时我也设定了一些较小的目标：熬过早餐时间；熬过准备上学的时间；熬过孩子们放学回家后过度活跃的时间。

第 4 章 准备勇往直前

分满满的都是感激。我感谢他与我分享他的建议,而我也听进去了。我也感激我自己想到了一次只关注当下一刻的做法,不仅仅是在早晨,而是一整天都这么做。我很感激我认识到了达成小的目标也可以算作成功,因为这些小的成就将会帮助我实现大的目标。我最感激的是,我不是孤军奋战,有我丈夫在身边,支持我,帮助我实现目标。

第 15 天：启示，行动与小建议

橙色犀牛启示
- 无论细小还是远大的目标，都促使我专注地坚持下去。
- 达成一天中细小目标的成就感给了我撑过这一天的自信。
- 远大的目标给予我决心，鼓励我日复一日地坚持下去。

今日行动
- 选择一个远大的个人目标。追踪并记下引发你愤怒的导火索，感知这段旅程迄今为止对你的艰难程度，由此选择一个个人目标，一个反映你的吼叫现状的目标，一个能充分激励你，又使你稍感畏惧的目标，一个参考了我大学学过的目标设定理论的目标（我还求证了维基百科，因为我忘记了这个理论的一项标准）。目标的设定要遵循 S.M.A.R.T.[3] 法则：
  - 明确性（Specific）：目标制定得尽可能详细。
  - 衡量性（Measurable）：使用一套具体的标准体系，方便你跟踪自己的进程。
  - 可实现性（Attainable）：所制定的目标既要有一定的困难性，促使你从舒适的生活中挣扎而出，努力去完成，同时也要现实，要符合自己的实际情况。
  - 相关性（Relevant）：我知道少一些吼叫这个目标对你们来说是相关的，因为我知道你们爱自己的孩子。这部分已经达到了。做得漂亮！
  - 时限性（Time-based）：给你的目标一个确定的完成时间（比如一个月，或三个月）。
- 把远大的目标分解成若干个小目标。
  - 在实现远大目标的伊始，选择一个小的目标，帮助树立自信心。
    （我就没有做到这一点；如果我能早点做到，那将缓解我多少压力呀！）
    橙色犀牛团队很推崇的一个著名建议就是，选择五个经常遇到的通俗简单且可控制的导火索。一次只集中关注一点，并争取在一周之内克服它。控制住它后就划掉它，再去对付第二个，依此类推。把这五个都解决完后，再转向大的目标。
  - 开动脑筋想出一些更小的目标，帮助你达成小目标（比如，就撑到早晨 9 点过 5 分）。回顾你的诱因跟踪表来寻找灵感。

第 4 章　准备勇往直前

- 橙色犀牛设定的目标范例：
  - 连续 30 天做到不吼不叫（小目标：1 周）。
  - 做到一个月每天只吼一次，而不是十二次（如追踪表所示）；达成这个目标以后，再坚持三个月不吼不叫（大的目标）。
  - 连续一星期不吼不叫，然后两个星期，然后四个星期，再是八个星期，逐次累加。
  - 365 天不吼不叫（小的目标：先做到 10 天，然后 100 天）。
- 确定衡量你目标的方式。理性看待自己的成就，这不仅会加快你的成功，还会随时提醒你你是可以的，因为你真的做到过！不管你选择什么，一定要富于创造性，还要确保把你的"目标计数板"放在高度显眼的位置。每取得一次成功，你就可以这样做：
  - 在日历上贴橙色的心形贴纸或笑脸。
  - 在透明玻璃瓶里增加一样橙色的东西，比如一颗橙色的 M&M 巧克力糖豆、橙色小绒球，或者橙色的玻璃珠。
  - 在一个透明瓶里放入 25 分的硬币（越多越好！），然后在结束的时候给自己买一个礼物作为奖励。
  - 贴一张橙色的便利贴，写上"第一天，我成功了！"。
- 把你的目标写在纸上，并跟你的后备团分享。我建议你一笔一画手写下来，不要只是输入电脑。

要记住，这是你自己的目标，只有你自己知道需要多么努力地去督促自己力求上进，也只有你自己真正了解自己，知道像连续 365 天不吼不叫这种极端的目标是会给你更多的动力，还是会压垮自己。如果你觉得你制定的目标让你感觉到更多的是畏惧，而不是兴奋地跃跃欲试，可能它就太过分了。如果感觉太过小菜一碟，那你就需要迫使自己再上一个台阶。记得吗，励志演说家莱斯·布朗这样说过："朝着月亮出发！即使失败，你依然会跌入繁星之中。"确实是这样。胸怀大志，最糟糕的情况又能如何？比起以前，你是不是吼叫得少了些呢？这就是胜利！

任何人只要选择了人生中可以完全实现的目标，那他就已经把自己局限住了。

——卡维特·罗伯特

今日小建议

冷静	修改你的密码，让它能提醒你的目标，比如：I willyellless（我要少吼）。
燥热	在大吼大叫之前先问自己："等一下，我这样做符合 S.M.A.R.T. 法则吗？"
火爆	原地跑步，目标是让"战或逃"的冲动情绪离开你的身体系统。

第 16 天
创造积极的自我肯定：
从恶性循环到胜利循环

我喜欢跟我的孩子们一起玩游戏。不管是玩乌诺牌、sorry 棋，还是四子棋，饥饿的河马，我都能坐在那儿连续玩一下午，就像我小时候玩游戏一样。但有一个游戏我真的不喜欢玩，既不是棋盘游戏，也不是卡牌游戏，不是任何一种我小时候玩过的游戏。都不是。而是一个我和我儿子自创的游戏。不幸的是，虽然我不喜欢玩，我知道儿子也不喜欢，但好像我们经常玩。我们很努力地去避免玩这个游戏，这个让人感到羞愧的游戏，因为它就是一个强大的引人大吼的导火索。

至于这个游戏的名字？我很亲切地叫它"恶性循环"。我不止跟我的一个孩子玩这个游戏，我跟我所有的儿子，事实上还有我丈夫，都在玩。

这个游戏是这样玩的。

首先我和我儿子要都处于情绪不佳的状态。一旦我们因为相同或不同的原因倍感压力和焦虑时，我们就会很快陷入焦躁、狂暴的状态，更坦率地说是，向对方开火。我儿子的表现是不停地朝我大吼、哭喊，不听也不笑。我也开始变得更加疾言厉色，大声回吼他，同样不听不笑不再压抑自己。他的行为举止让我越来越凶，然后他就更加过分，他越过分我就越愤怒，如此这般循环往复。这是恶性的，这就是我说的恶性循环。目的就是看我们能进行到什么程度才失去控制，直到一方一发不可收拾，而另一方做出让步，表示友好，才能打破这个循环。

听起来是一个糟糕的游戏，是吧？啊！简直糟糕透顶，而且非常痛苦，因为它会让你精疲力尽，不只身体上，还有心理上。为什么他不能自控一下？为什么我也不能自控？该死的！因为太过紧张，我前一天晚上压根没有睡觉。他也没有睡，他整晚都在烦恼不安，他不确定我会做何反应、会怎么对付他。真是糟糕！现在我俩都累极了，甚至是不知所措、吹毛求疵的，我们极可能让游戏再持续一天，同时加大游戏难度。

在这个恶性循环游戏刚开始的时候，我竭尽全力保持着冷静、耐心、友爱和善解人意，这样我可以控制我俩都不会失控。我尽量不把他的所作所为当真，我试着用我学到的方式来帮助他,但是我要奋力挣扎着去做到。那我的问题出在哪儿?是因为当时我压力太大,所以我做不到他需要我做到的这些:冷静、有耐心、友爱、善解人意。

在橙色犀牛挑战期间,我们进行过一次很棒的游戏,棒在从某种意义上说这场游戏持续了近两个星期,棒在是我终结了它,也棒在它给我上了快餐式的珍贵一课。我在我的博客里这样写道:

> 我已经接近崩溃的边缘,马上要忍不住朝他大吼了,马上。当时我已经做好了一副要大吼、凶恶的姿态,我觉得我是唯一有这种孩子的悲惨父母,这一切的一切我都受够了。这种心情伴随了我一周,让我倍感压力。我对他已经忍无可忍。我受够了当父母,我也受够了橙色犀牛挑战。我冲到一边,在橙色犀牛脸书主页上敲击着我挫败的经历,这样我才能忍住不朝他大喊。猛然间,我看到了属于我的标志,这让我突然记起我向我的孩子们承诺过要多爱一点,向我自己承诺过要少吼一些。我停止打字,看向我的儿子,问他:"出什么事了?你为什么这么生气?为什么要朝我扔枕头?"
>
> 儿子突然大哭起来。
>
> "我害怕我们会再出车祸。我生气爸爸太拼命工作。我还生气我们的保姆离开了。为什么她不再爱我了?"
>
> 天哪!原来我的孩子承受着这么多痛苦,而我当时被痛苦冲昏了头,没能及时停下来拥他入怀,没能给他理解和爱。苍天哪!我紧紧地把他抱在怀里,像小时候一样轻摇着他。他坐在我膝头,在我的怀里彻底崩溃了,不停地大哭,撕心裂肺。他的眼泪深深地刺痛了我,也让我意识到,在我跟他玩这个恶性循环游戏的同时,他还是需要我的。我才是那个有义务去终结喊停的人,我才是成年人,我才是那个不论多艰难,都要寻找足够的力量和耐心,去给予我的孩子他所需要的、去帮助他重新振作的人,我才是那个应该停下来,应该问他发生了什么事的人。
>
> 当我的孩子情绪不佳的时候,不论错对与否,我都应该一如既往地爱他。当我的孩子在痛苦挣扎的时候,我需要化身橙色犀牛,我需要找寻温暖和镇静,我需要足够耐心和冷静,我需要去理解他。

当我和孩子玩恶性循环这个游戏，力图把对方击垮的时候，其实我有两个选择：让情况变得更糟，或者变好。最终我选择让事情变得更好。用了几天的时间，我才认识到这一点，我才真正成熟起来，认识到我的儿子们需要我的事实。但至少最后我还是做到了。不仅仅是因为这个认识让我吼叫得少了，更是因为它让我更爱我的孩子们。**说真的，这就是他所需要的全部：得到更多的爱。**

而实际上那也是我所需要的。得到更多的爱。我自己独立完成。

悲哀的是，我不只是跟我的孩子和丈夫玩恶性循环这个游戏，我也跟我自己玩，只是用一个稍微不同的方式。我同我自己的恶性循环就是灌输给自己消极的想法，比如"我肯定减不了肥"、"没有人喜欢我"或者"我没办法停止大吼大叫"。这场自我博弈的游戏之所以奏效，是因为我一遍又一遍地对自己重复这些消极的思想，直到我说了太多次，多到我自己都信以为真，然后就真的成真了。我"赢得"了这场游戏，虽然很明显，我其实失去了一些东西。

我失去了对自己的信心，相信自己可以做成艰难事情的信心。

我失去了相信的勇气，不再相信我能够完成自己的既定目标。

我失去了对自我能力的控制力，不能轻松地管理自己想要不吼不叫的愿望。

当我陷在消极的自言自语的恶性循环中不可自拔时，我自认为我想要大吼大叫，借此发泄我的痛苦、挫败和失望。

> 这就是说，这次挑战向我证明了，对于我要实现的目标，我的想法越积极，我实现的就越多。

确实，当我消极地去思考时，我失去了很多。事实上，我得到的只有自我实现，因为我成功地避免了一开始我想要避免的情况。在我刚开始橙色犀牛挑战的时候，只要有人说了类似于"哇哦，积极思维的魔力"的话，我就会猛翻白眼，我很难完全相信这些陈词滥调。是的，我确实相信人应该积极乐观，我也相信这会有所帮助，但我不认为它是解决问题和面对挑战时不可或缺的重要部分。直到现在我也不这么认为。因为我是一个现实主义者。

这就是说，这次挑战向我证明了，对于我要实现的目标，我的想法越积极，我实现得就越多。比起那些我告诉自己"啊！我肯定做不到！"的日子，在我对自己说"我可以的！我要做到少些吼叫多些爱。"的时候，日子变得更容易、更成功。积极的思想，可以帮助我达成更积极的成果。这是富有感染性的。

　　作为一个现实主义者，我可以说，在那些远比我想承认的多得多的恶性循环游戏中想要积极思考真的是一件很困难的事。对于我孩子的所作所为，我很难做到不气愤；对于我自己的做法，我也很难做到不生气。但是，如果你想做到不吼，那么面对自己积极地去思考，面对孩子乐观地去作为，将是非常必要的。所以，面对我的孩子或丈夫，无论多么不想承认自己才是那个有义务去叫停这个恶性循环的人，我还是会一直努力去尝试，这样我们才可以开启一个良性循环的游戏，才能更爱自己，更爱彼此，更爱生活。

第16天：启示，行动与小建议

橙色犀牛启示

- 学习积极地同自己对话，用积极乐观的想法充盈自己的灵魂，要勤奋努力，要敢于实践，要下定决心，有时还需要绝对的意志力，但是它所带来的益处会是，而且将一直是，强有力的。
- 鼓励自己，在脑海中告诉自己"你可以做到少些吼叫多些爱"、"你能做到的"，虽然有时候感觉这样很蠢，但这却是非常必要、非常有效的。

今日行动

- 创造积极正面的自我肯定。写下三或四条积极正面的自我肯定，尽可能用肯定句、现在时，和充满激情的话语。例如：
  - ▶ 我是一个冷静、慈爱的父母，我可以控制我说话的音量。
  - ▶ 我大吼的频率小了。我是橙色犀牛！
  - ▶ 我正在更多地去爱，一步一个脚印。
  - ▶ 我可以做到！我不会再大吼！我爱我的孩子们！（这条不符合大多数人谈到并建议的自我肯定规则，但它对我是有效的，因为它让我找到重心，让我想到我的目标，而且它用的是我常用的语言。）
- 对自己重复自己的自我肯定，每一天，尤其在你觉得你要忍不住怒吼出来的时候。
- 把你的自我肯定贴在重要显眼的位置，比如浴室镜子上、汽车仪表盘上，或者冰箱门上。

> 不断地重复自我确认就能成为信念。
>
> 一旦信念成为深深的信仰，奇迹就会发生！
>
> ——默罕默德·阿里[4]

今日小建议

冷静	**橙色犀牛最喜欢：**把甘地的这句话写在一张橙色的纸上,"人是思想的产物。心里想的是什么，就会变成什么样的人。"，一遍遍反复朗读，直到你完全接受。
燥热	咬一下舌头（当然要轻轻地咬），然后再说话；听起来就像你嘴里含了一团棉花糖，人们就会开怀大笑，这有助于缓和气氛。
火爆	说一句"安静！现在马上！"或者随便哪句，只要是你的咒语。我屡试不爽的一句话是"我是橙色犀牛！"

第17天

好好照顾你自己：
睡觉，吃饭，跑步，打扫……拉粑粑？

詹姆斯刚上一年级的时候，他待在学校的时间从一天三个小时慢慢增加到一天七个小时。不用说，这个调整的过程让他方寸大乱。在学校，他表现得很好，但从学校回来，一进家门他就会喊："快来！内莉！"今年年初的一个下午，我决定主动跟他谈一谈。于是我们就有了下面这段对话。

我："是这样，詹姆斯，好像你放学以后，我们还得帮助你从漫长的一天中解放出来。你觉得你自己照顾自己行不行？这样你可以在家度过一个愉快的下午。"

詹姆斯："我也不知道。我想去拉粑粑，可以吗？"

我："呃，可以啊。"然后我又对自己说："唉，儿子呀，还能不能愉快地谈话了？"

詹姆斯进了卫生间，坐下以后，他隔着紧闭的门对我说："妈妈，其实我没有真的在拉粑粑。我只是坐在马桶上，努力想拉粑粑。我觉得这样很安静，真的。你懂的，在一个又小又安静的空间里，没有人打扰，只专注一件事情：拉粑粑。你改天也应该试一下。你可能会比我更喜欢这种感觉的。"

他说完以后，我简直笑得止不住。他也许是对的：只专注于一件事？那样太完美了！待在一个安静的空间？哇，棒极了！同时拥有这两者？天哪，那肯定能让我平静下来！但是这个选择根本不适合我。当我去卫生间的时候，通常会有一个孩子跟我一块进去，一个在敲门，另一个在试图打开门，还有一个朝着我大喊"快点快点，我要尿尿！尿尿！"

是呀，跑去卫生间不是让我平静下来的方法。但是，我还是很感激我儿子让我开怀大笑，感激我悟到了能帮他平静下来的方法：一个安静的空间，一个专一的目标，还有属于他自己的时间。这个发现太伟大了。第二天我就付诸实践，放学以后，让他直接回到自己的房间，一个人安静地玩乐高积木，直到他觉得他放松下来，再出来跟家人和平共处。发现能让他安静的秘诀，不论是在盛怒的时候还是作为预防对策，都可以创造奇迹！奇迹呀！

只用了几年的时间，和一次关于拉粑粑的坦率的谈话，我就弄明白了詹姆斯的"安静秘诀"，至少现在我喜欢这么称呼它。这真的让人印象深刻，至少我自己花了——先来看看我在开始橙色犀牛挑战的时候多大年纪,对了,34岁——34年的时间才发现了我自己的"安静秘诀",而且还是因为我要想成功戒掉大吼大叫,就别无选择,只能努力探索。追踪我的导火索让我很快意识到,在我紧张、不开心的时候,在艰难的日子里,我做到冷静、不吼不叫的可能性很小——简直微乎其微。

> 我能够做到不吼不叫,不仅仅取决于我在艰难时刻能够保持冷静,还取决于我在日常生活中能够照顾好自己,这样我才能在想要吼叫之前一直处于冷静和放松的状态。

  这次经历让我大开眼界并让我深深地意识到,我能够做到不吼不叫,不仅仅取决于我在艰难时刻能够保持冷静,还取决于我在日常生活中能够照顾好自己,这样我才能在想要吼叫之前一直处于冷静和放松的状态。这样的话,在出现那些情况的时候,我就会用我内心的豁达来处理状况,而不是大吼大叫。你知道还有什么令人瞠目的吗?当我意识到在控制自己不吼不叫中,照顾好自己发挥着何等重要的作用时,我也悲哀地意识到我不知道该怎么好好照顾自己了。我不知道该做些什么来放松自己,也不知道在我感觉糟糕的时候该怎样打起精神。我变得不再了解我自己,我不知道该做什么才能帮助自己平静下来,因为我已经很久没有优先考虑过自己,很久没有把照顾自己列在我的任务清单上了。

  自从我成为一个妈妈,我就没有再好好照顾自己。事实上我拒绝照顾自己,我拒绝做任何可以让我放松、让我开心的事情。相反,我说服自己相信,要想做一个合格的妈妈,我就必须把孩子们的需求置于我自己之前,我不能做我喜欢做的事,比如清扫和整理,因为我应该把全部时间用来陪孩子,甚至花时间去健身房或者跟女朋友闲谈都是自私的行为。我还让自己相信,即使我想拥有一些私人时间,也是没有时间的,因为总是有太多更重要的事情等着我去做。但是,你知道吗?事实证明,如果我"空腹"运行,如果我没有定期去做使我开心和冷静的事,我就做不到那些重要的事情,比如爱我的孩子、不对他们大吼。**我需要照顾好自己,这样我才能照顾好我的家庭。**而且我需要重新学习到底该怎么照顾自己。

  经过反复思考,反复试验,反复重温我的诱因追踪表,寻找在我很难平静的时候我没有做过什么,终于让我总结出五件事(除去我与家人共度的愉快时光），得出了我的"自我护理列表"。

1. **吃得好**。当我吃太多垃圾食品的时候，我的身体会变得发胀、臃肿，我就会暴躁不安，对肥胖的自己感到失望，还会心烦意乱。但是如果我没吃，哦耶，难道我还会感觉暴躁、烦乱吗！在我想大喊的时候，食物发挥着远比我认为的重要得多的作用，所以饮食需要多加注意。

2. **多睡觉**。在詹姆斯出生以前，我至少需要八个小时的睡眠，才能保证我心情愉悦。他出生以后，我这个需求不仅没有改变，反而还增长了，就像我们家的人口增多了一样。但改变了的是，八小时睡眠变成了奢侈品，事实上我只睡六个小时……因为我放任了事情发展至此。夜复一夜，我告诉自己"嗯，睡觉不重要。过会儿我再补一觉"。但是，从来没有补觉的时间；有的只是我越来越累，跟孩子们说话越来越恶声恶气，越来越不冷静，越来越想要大吼。睡眠不足让我和孩子们都很痛苦，而且不容忽视的是，它正在深深地影响着我，让我不能保持足够冷静不去大吼。

3. **任何时候尽量多运动**。在开始橙色犀牛挑战之前，我就知道运动能让我快乐。但我并没有意识到这种影响有多大，直到我留意到，当我不运动的时候，要想做到不吼不叫就格外困难；而当我动起来，不论是定期锻炼、外出散步，还是跟孩子们跳跳小舞，我就会更加冷静，更容易做到不吼不叫。

4. **去社交，去联系朋友**。我并没有意识到谈心、大笑，或者和朋友闲逛，即便是在送孩子们上学之后的短暂时间，都可以帮助我变得更好、更冷静，直到令我抓狂的家庭日程表导致我的这些社交活动越来越少，我才惊觉到这一点。去他的！因为这个错误的认识，我并没有把社交活动放在首位，因为我没有意识到它的重要性，我也没有意识到我对社交的需求跟我的孩子们的需求同样重要。

5. **清扫和整理**。打扫厨房能让我平静下来。吸尘能让我开心。而邋遢、脏乱的家，脏盘子和一片混乱只会让我紧张。我知道有人会说类似的话："脏盘子永远都在那，但跟孩子相处的珍贵时光却不常有。"我完全理解这个观点，这也是为什么有时候我会感到十分愧疚，比如我选择清洗沾有意大利面酱的陶瓷盘子，而不是给两岁儿子清洗满是热巧克力和番茄酱污渍的塑料玩具盘子时，就是如此心理。虽然，在这次挑战过程中，我认识到了，想要清洗真的盘子没关系，想要提高效率没关系，为了保持冷静把某些事情从自己的任务清单上划掉也没关系，为了得到平静而必须提高效率也没关系，**说这句话更没有关系**："我需要为自己做些什么，为了能够陪伴我的孩子们，为了能不朝他们大吼大叫。"

在开始这个挑战之前，我会觉得内疚，有时甚至是窘迫，不仅仅是在我选择洗盘子而不是陪孩子的时候，也在我选择去锻炼而不是陪他们玩彩泥的时候；在我选择让外婆哄他们上床睡觉，而自己去跟朋友吃饭的时候；在我选择早点睡觉，而不是再加工那些已经很好的纸杯生日蛋糕让它们趋于完美的时候。在这个挑战之前，我太过专注于一个好妈妈应该做什么（或不应该做什么），以至于我并没有真正成为一个好的妈妈，因为我遵循的是别的妈妈的"安静秘诀"，而不是我自己的。

橙色犀牛挑战促使我不再因为做了让自己冷静和快乐的事而内疚，我反而感到自豪，不仅仅因为我发现了我自己的"安静秘诀"，也因为我最终找到了勇气去拥抱并且践行它。当日子很煎熬的时候，不管是因为孩子还是因为我的人生，我感觉暴躁不安、紧张慌乱，我就会强迫自己停下来，好好照料自己一下。我会想起我的"安静秘诀"，做一些上面提到的事……然后我就会发现少一些吼叫多一点爱，变得容易得多了。

第17天：启示，行动与小建议

橙色犀牛启示

- 好好照顾自己并不是自私的表现。事实上，这正是我能给予孩子的最好礼物之一。
- 好好照顾自己并不需要多么隆重。它可以很短暂，短到花五分钟看一看我相机里的照片，也可以持续较长时间，比如花两个小时跟朋友去外面吃好吃的。

今日行动

- 好好照顾自己。开动脑筋想出所有你希望去做的事，能帮你找到安宁和快乐的事。不要为这些事情没有奏效而寻找借口，即使这借口很吸引人（比如：没有幼托所，没有足够的时间，不知道该怎么进行）。要同时想着大事和小事——敢于做梦！（传言说梦想着去做一些事，可以助人安宁。）
- 创造你的"安静秘诀"，从你的自我护理列表中选出大概五件事。确保要包括一两件可以每天短时完成的事（比如：收听你最喜欢的广播电台、或出去散步），一两件令人高兴的事情（比如：不带孩子，出门喝一杯热咖啡），还要有一件需要规划、可能还需要寻求帮助才能努力完成的事情（比如：和你的丈夫一起外出一下午）。
- 把你的安静秘诀写在一张便贴纸上，随身携带。当你觉得你已经智穷力竭，马上要大吼的时候，你可以参考这个，帮你坚持住，然后回升到一个更好的状态——不吼不叫。

发生紧急情况时，请先戴好氧气罩，再帮助别人。

——航空安全准则

或者

我要好好照顾自己，这样才能好好照顾他们。

——橙色犀牛语录

今日小建议

冷静	在你不高兴的时候，点燃一支蜡烛。如今，在沐浴时，我会点燃一支芳香蜡烛，假装自己在洗温泉浴。这样做还有什么好处？也有助于孩子们放松。
燥热	橙色犀牛最喜欢：放下手头所有的事情，陪孩子们玩耍，不仅因为这样有趣，还是很好的减压方式。有时候，这种联系正是你所需要的。
火爆	打开冰箱，把头放进去，冻结你的思想，不只是字面意义，也是象征意义。然后尽情享受随后而至的哄堂大笑！

冷静——说真的！寒气在那一刻冰冻了我，却帮我专注于预热自己的思想。

第 4 章 准备勇往直前

译 注

［1］ 阿瑟·阿什（Arthur Ashe，1943—1993），美国网球名将，曾夺得包括1975年温网男单冠军在内的3个大满贯冠军。此外，他还是首位代表美国征战戴维斯杯比赛的非裔选手，并在戴维斯杯比赛中取得27胜5负的战绩。1992年，著名体育杂志《体育画报》评选阿瑟·阿什为当年最佳男运动员。

［2］ 赫伯·凯莱赫（Herb Kelleher，1931—），美国西南航空公司创始人。

［3］ S.M.A.R.T.法则是20世纪70年代，由一位美国人提出的，在制定目标时所应该遵循的五项原则。

［4］ 默罕默德·阿里（Muhammad Ali），美国拳王，在职业拳击生涯中，共进行60场比赛，胜56场。其中37场将对手击倒在地，输的4场中有3场是以点数少而负于对方的。2012年12月4日，在墨西哥坎昆进行的世界拳击理事会成立50周年庆典上，阿里获颁"拳王"称号。曾被授予美国"总统自由勋章"。

第 5 章

开始少些吼叫多些爱

第 18 天：成为橙色犀牛

要成大事，我们不仅要行动，还要有梦想，不仅要有计划，还要有信念。

——阿纳托尔·法朗士[1]

我发自内心地说,在学习如何停止吼叫的过程中,我的生活改变了。作为一个母亲、妻子、女儿、朋友和邻居,我也和以往不同了。它改进了我对生活的体验方式,改变了我对挫折和恐惧的处理方式。现在,我能够洞察这一切,处理的方式也更成熟、更自信、更坚定。

如果我没有敢于梦想、如果我不相信自己可以改变,如果我没有为这种改变做出计划、如果我没有全心全意投入到这种改变之中,我就不会拥有这种改变生活的体验。

在你读到本书这一部分的时候,你也已经做到了这些。你已经敢于梦想了,已经制定了计划并开始实施,我希望你终于开始相信自己也可以做大事。如果你仍然质疑自己的能力,那么请记住:我相信你能,我相信我们都能改变,都能实现自己的梦想,我相信你已经为这一切做好了准备。

我知道这些话听起来很陈腐,但是我真诚地说,这一章代表着你生活中新篇章的开始。为了这美好灿烂的新篇章,你付出了艰辛的努力,终于成功地做好了准备。

第18天
成为橙色犀牛:
我的亲身经历

许多次,在旅途中,面对那些以前感觉很难处理的情况时,我心里有了一种以前没有的镇静、从容、洞察力和控制力,好像自己是个旁观者。真的。

有一次,在一家饭店里,我和丈夫在仔细讨论该怎么用类似于电影《杰克与梦幻岛海盗》(*Jake and the Neverland Pirates*)中的金币那样的奖品来奖励孩子。这时,坐在我们旁边的一个女人对着她的男友开始拿我们开涮。

她:"真失败。他们出门不带孩子,还竟然在这里讨论奖励策略。"

他:"嘘,你说话声音太大了,他们能听见。"

她:"我才不在乎呢。别着急,我说话粗鲁会损失两个金币吗?还是会损失一个?"

他:"嘘,求你了,真令人尴尬。"

她,"宝贝,因为你刚才说好话了,奖你一块金币。你吃一口食物,奖你两个金币,好吗?"

噢,我感到被冒犯了,要发脾气吗?噢,我此时此地放声大哭了吗?我对她谈到了父母对她的辛勤养育,并且祈盼她不要这样做了吗?没有。我反而告诉自己不要在意,这些想法对我毫无益处,只会毁掉我和丈夫的这个宁静夜晚。所以,我擦掉眼泪,保持镇静,尽快让自己放松下来,开始享受这个夜晚。在接受橙色犀牛挑战之前,我绝对做不到这一点。绝对做不到,永远做不到。

后来,还有一次,在佛兰德里饭店,我自己带着四个孩子来这里庆祝詹姆斯的生日。安德鲁忽然发起了脾气,因为他的衬衫湿了,而他自己又处理不了。我把他从桌子上抱走,尽力把他衬衫上的水挤干。这时,一个年龄比我大点的妇女对我说,"你为什么不把他带到我这儿来。我来替你教训他,然后再照料他。我会让他闭嘴。"

我想用一大堆的脏话、损话来回击她,因为她侮辱了我对孩子的教养,而且还威胁要伤害我的孩子。但是我没有这样做。

我不想破坏儿子的生日庆祝,所以,我眼睛一眨不眨,用甜美、礼貌的声音回答道,"哦,请不要这样说我的儿子。这样不好,也没意思。他还是个孩子。我和他都在尽力。"

> 我不再像橙色犀牛挑战之前那样,我开始不再生气、怨恨、沮丧或者失望。取而代之的是,我开始变得更加快乐、满足、冷静与平和,而且因此我开始过上了更有成就的生活。

在接受橙色犀牛挑战之前,我绝对做不到这一点。绝对做不到,永远做不到。

这些冷静的、如旁观者般的经历不仅发生在我想要对陌生人吼叫的时候,其他时候我也是这样。有一次,我最终决定不再费尽心思去追求眼前这件事情的完美,而是决定,适可而止。有一次,我没有快马加鞭去完成待办事项,而是比以往早几个小时上床睡觉,因为我需要度过一个"独自的夜晚"。还有一次,我跟丈夫说起了孩子们的优点,而不是总盯着他们那些让人沮丧的行为。

还有一次,我凝视着我的孩子,看着他可爱的小脸上细微的表情,沉浸在无尽的欢乐之中。这一刻,诸般烦恼,一扫而空。

是的,在接受橙色犀牛挑战时,这些发自内心的体验多次出现,经常震惊、甚至是惊吓到了我丈夫和我自己。

有一件事情特别使他印象深刻。每年暑假,我们都会去海滩度假。那一次,前三天都在下雨。第四天,雨停了。可我们最喜欢的海滩却关闭了,因为飓风桑迪的缘故,那里正在维护和修理。我们不得不去了一个拥挤、吵闹,而且还远离盥洗室的海滩。呵!这要是放在以前,我会生一周的气,不停地抱怨,自己的期待落空,是多么的失望。但是这次我没有这样做。我只是顺其自然,尽心享受现在的一切:跟家人在海滩上度过的快乐时光。在接受橙色犀牛挑战之前,我绝对做不到这一点。绝对做不到,永远做不到。

事实上,在我的丈夫问我对这种情况的看法时,我的回答令他大为震惊。他甚至问我,"你是谁?你把我的妻子怎么样了?"他这样问很自然。因为我在这一刻的处理方式有了巨大的改变。其实,说巨大,还是保守了,事实上,这种改变如此深远,甚至到了使人惊恐的地步。

有时候,在经过了一次像这样奇妙而神圣的自我改变时刻后,我甚至会问自己,"我是谁?怎么会做出这样的反应?我认识的那个茜拉去哪里了?我真的由于橙色犀牛挑战而改变了这么多吗?"

对这个问题的回答总是重重的一句"是的",接着是,"老古董,我不敢相信,这种挑战对我的生活方式改变这么大,真想不到"。当然,再接下来是,"哇,我浑身都是力量"。的确是这样。

每当这样的时刻出现,证明我变了、再也不冲着孩子吼叫了的时候,我都会百感交集,语声哽咽。我无法控制自己。我无法控制眼中的泪水!我的心里满是惊异、欢喜和感激,橙色犀牛挑战不仅改善了我和孩子们的关系,而且还改善了我的生活。

我知道,这样的话听起来有点言过其实,但是我实实在在地说,确实如此。事实证明,我为了阻止自己吼叫而采取的那些预防措施和行动成了我的自发性行为,我不仅在和孩子相处时这样做,在其他各种或好或坏的场合中,不管孩子是否在场,也不论我是否想对他人吼叫,我也开始自然地使用这些成功的预防措施。我开始自然而然地:

顺其自然得更多。

笑得更多。

向人寻求帮助更多。

积极思考得更多。

拥抱得更多。

向人讲述自己不好的情绪更多。

倾听得更多。

爱自己的孩子更多。

审视自己的期望更多。

原谅得更多。

接受我不能改变的事情更多。

与我的丈夫联系得更多。

随缘做好事更多。

我不再像橙色犀牛挑战之前那样,我开始不再生气、怨怼、沮丧或者失望。取而代之的是,我开始变得更加快乐、满足、冷静与平和,而且因此我开始过上了更有成就的生活。当我实施上述行动时,当我践行这些既关乎停止吼叫还关乎一个全新的生活习惯时,我不仅吼叫得少了,而且对孩子、对生活的热爱也更多了。

第18天：启示，行动与小建议

橙色犀牛启示
- 那些帮助我停止吼叫的新行为、态度和技能，提升了我生活中的方方面面。
- 橙色犀牛的优势。

今日行动
- 向目标冲刺！你已经做好了准备，并且付出了行动；为了不再吼叫，我们都做出了同样的努力。
- 兴奋起来！把你的目标告诉别人，今天就是你行动的日子。告诉你的孩子们，你的邻居们，你常去的咖啡店的店员们，你的狗，告诉所有人。兴奋起来！热情会有助于你的成功。
- 制定一份当天的计划大纲。
  - ▶ 你在以前和这个激动时刻最喜欢的三个建议。
  - ▶ 做一件事来关爱自己。
  - ▶ 可寻求帮助者名单。
  - ▶ 实现目标时的庆祝方式。

从现在开始的 20 年后，你更加失望的将是你没有做什么，而不是你做了什么。所以甩掉帆脚索，驶离安全的港湾。趁着信风扬帆远航。去探索，去梦想，去发现吧。

——马克·吐温

今日小建议

冷静	给孩子穿上橙色衣服，这是一种外在的提示。
燥热	大声说出来，"你们是孩子，我的孩子，我爱你们。"
火爆	拉紧你所有的肌肉，然后一次放松一块，从脚开始，逐渐向上（这是我从儿子的老师那里偷学来的方法）。坚持！

自发的嬉闹，跟妈妈滚作一团，拥抱，亲吻，还有"我爱你"，这些只是成为橙色犀牛的部分福利。

译 注

[1] 阿纳托尔·法朗士（Anatole France，1844—1924），法国作家、文学评论家、社会活动家。因热爱祖国法兰西，故以祖国的名字作为自己的笔名。1873年出版第一本诗集《金色诗篇》。1881年出版《希尔维斯特·波纳尔的罪行》，在文坛上声名大噪。1921年获得诺贝尔文学奖。

第6章

当事情或孩子令你抓狂时，保持镇静

第19天：爱的四字诀

第20天：寻找新视角

第21天：在你刚想大叫时大笑

第22天：告诉自己吼叫不管用

第23天：大声说出来

改变思想，你就改变了世界。

——诺曼·文森特·皮尔[1]

如果让我从这个挑战中挑选自己最喜爱的一天，那我选第七天。在这一天，我知道了，我之所以吼叫，十之有九不是孩子的缘故，而是因为我自己。第七天，在这一天，我想起了人们分手时说的话，"不是因为你，而是因为我"。这话确实是真的，尤其是涉及到吼叫的原因时。我的压力、我的废话、我的疲累常常是我吼叫的原因——而不是孩子们。

但是，还有剩下的十分之一的情况下，我们该怎么办？——当我正心情舒畅地看着电视里优雅的明星们的时候，孩子们却商量好了似的要按下遥控上的每一个按钮；当我感觉自己对孩子的教育只是表面，孩子们还没有学会倾听，表现还不好，还在经常发脾气的时候；你知道，也就是孩子们还只是孩子，或者心情不好的时候；也就是我不想像橙色犀牛一样镇静而是想着像灰色犀牛一样攻击的时候。

在这一章里，有我最喜欢的五个工具，可以帮助我改变思维定式。原来我会想，"的确，这太荒谬了，我认输"。如今，我的做法是，"好吧，我明白了，我可以做到"。

第 19 天

爱的四字诀：
我用了 36 年的安心毛毯

我今年 36 岁，马上就 37 岁了。有一块安心毛毯，我已经用了 36 年，我把它亲切地叫作"毯毯"。当然，我每晚都会和她一起入睡。每——天——晚——上。你瞧，它就是我生活的一部分。它的一角有烧过的痕迹，另外一个角已经磨破了，一半已经失去了光滑的边缘，中间还有个大洞。虽然我现在是个成年人，但是在睡觉时，我仍然会把这块婴儿毯卷起来，放在头下当枕头。我就是控制不住自己。你知道，我和她有许多共同的经历。在我五岁那年，有一天晚上，我该放下玩具娃娃去睡觉了。这时，我拿起毯子，把她放在了窗台上的圣诞蜡烛上面，因为大人们不允许我触摸这些"热蜡烛"。哎呀，她的身上立刻就冒出了火苗。后来，我七岁了，不得不停止吮吸指头的动作，于是我就摩挲她光滑的边缘以寻求安慰。再后来，我 29 岁了，我的丈夫出差在外，我不愿意独自待在这个刚搬来不久、又旧又破的房子里,我和她蜷缩在一起,寻求安全和安慰。

我要说的是,"毯毯"是我的第一个好朋友,对我而言,意义重大。我知道这一点,我丈夫知道这一点。我的孩子们也知道这一点,尤其是詹姆斯。有一天,他曾经使劲地要和我抢这块毯子。

有一年七月的一天,大约是下午三点半,天气出奇地热。詹姆斯那时刚上完了一年的半托幼儿园,参加了夏令营。这时,他刚刚完成一整天的活动,在没有妈妈陪伴的情况下,在夏令营里不停地活动了六个半小时。早上五点半,詹姆斯就起床了,兴致勃勃地要去参加夏令营三个半小时的活动。和预期的一样,我这一天很难过,心里一刻、一刻也不停地想着我这个大儿子,担心他该怎么度过身体上和精神上的变化。我想,他这一天过得也很难。可是,据他说,他一点也不想我,玩得开心极了。

这样也好。可在我接他的那一刻起,他的表现就完全变了样。我把他从夏令营接回来后,刚才他还说,"啊,我这一天玩得太高兴了。"可刚一下车,他马上就说,"可是我明天不想去了,事实上,我拒绝再去夏令营。我只想在家。"我停好车,一转身,就看到眼泪顺着他红彤彤的脸庞,从他疲惫的眼中流了下来。我还没来得及跟他说话,他已经下了车,砰地一声摔上了车门,像疯子一样,大喊着跑回了家中。

我悄悄地下了车,然后慢慢走进房门。我知道自己面对的将会是什么:一场暴怒,他会把所有能扔的东西都朝着我愤怒地扔过来。我进门的时间恰到好处,我刚进门,就看到塑料水果从厨房里冲我而来,我一弯腰躲过了一串香蕉,结果鼻子被一只梨子砸个正着。噢,真疼啊。噢,我真想大声喊叫啊!

"赶紧停下来!冷静!你们已经长大了!"可是我控制住了自己。保持冷静。

我成功躲过了又一轮的水果沙拉攻击,在我的儿子拿着一片披萨饼向我冲来的时候,捉住了他。我知道他这样的攻击都是有意为之。我知道,他其实是想寻求帮助。虽然我真的不喜欢有人拿东西砸我,我还是保持冷静,温柔地抱着他,说,"怎么了?跟我说说。"

"我的兄弟们离开夏令营都比我早,他们都比我能早点见到你,可我却要整天在外面,这不公平,就是不公平。"他边冲我大声喊叫着,边愤怒地扭动着身体,抗拒着我的拥抱,眼泪如雨般顺着脸庞滑落下来。尽管他尖利的嗓音震得我耳朵嗡嗡直响，尽管我对他这样长时间的愤怒感到厌烦，我仍然保持着冷静。

他终于平静了下来，跟我告辞，然后回自己的房间去安静一会。可不一会，他又回来了。手里拿着毯毯，直冲着卫生间走去。我看着他的眼睛，知道他不怀好意，我更知道，他想要用这样的举动引起我的注意。让我去拥抱他，去安慰他，因为他这一天过得不痛快。还有什么比拿走我的真爱之物更能吸引我呢？

我说，"詹姆斯，请把毯毯还给我"。

"不，我要把毯毯放在马桶里，"他大声笑着说，那种笑。令人很不舒服，包含着"我知道这样做不对，但是我不知道该怎么释放我的坏心情"的味道。

我冷静地说："詹姆斯，你不能想到什么就做什么，我知道你今天心情不好，但是，不要因此就找麻烦。"

"太晚了，妈妈！"说完，他就跑进了卫生间，猛地把毯毯扔进了马桶。不知道是谁没有冲马桶，可怜的毯子除了那烧焦的一角，现在又有一个角粘上了粑粑。太糟了。可是，我又一次保持着冷静。

"詹姆斯，请把毯毯拿出来，到水槽里去洗干净。"我一边说，一边递给他一块肥皂，同时伸手拧开了水龙头。

他冷静地说："你真这样想吗？上面沾了尿水和粑粑。"

我平静地说："是的，我真是这样想的。"

我不确定在这一刻谁更感到害怕。是我的儿子还是我。詹姆斯的脸上露出了一副"妈妈，我不敢相信你竟然逼着我做这种事情"的神情，他的怒火喷薄欲出。而我，却出奇地冷静。我刚刚躲过了水果沙拉的攻击，看着心爱的毯毯被扔进了马桶，我几乎气结。换作以往，我早已经吼叫开了。但是今天的这一幕却让我更爱他了。说什么？是的，我更爱他了。

因为当我在汽车上看到他的泪水时，我知道他需要我的爱，而不是我的怒火。所以，我就给他爱，在他发火前，发火时，和发火之后。

我**倾听**（Listen）他的话语，分担他的悲伤，然后——

我**观察**（Observe）他的脸色，看到那上面疲惫的神情。我**观察**这一刻的时间，知道他饿了。我**观察**他的脸庞，看到满脸的汗水，知道他感觉很热。在他清洗完毯毯，冷静了一些后。

我**验证**（Verify）刚才跟他一起时所发生的事情，我对他说："詹姆斯，看起来，由于今天一整天都在外面，你也许感觉有点伤心和愤怒，过了这么长的一天，你还有点累、饿，还有点热，我说得对吗？"詹姆斯含糊地应了一声："嗯！你说的对。"这时，他的脸色缓和了一点，我看得出来，他此刻也愿意跟我交谈，所以……

我对他强调（Emphasis）："我知道这样的事情不公平。我还记得我小的时候，因为要上学不能跟奶奶在家一起玩耍，所以我感觉很伤心。今天我的感觉也是一样。我一直很想你，非常想你。我知道，我知道你为什么生气，但是我们不能因为生气，就去扔东西，或者做一些卑劣的事情。"

这时，詹姆斯的神情放松了，他看着我说："我懂了，我很抱歉，我刚才对毯毯做的事情不对，我现在就去把玩具都捡起来。"

我自己也感觉心情舒畅，因为我刚才控制住了自己，在我想要喊叫的时候，保持了冷静。最让我恼火的事情就是那些攻击性的亢奋行为，我受不了这样的举动，但是我也无法忍受自己以攻击性行动对待攻击性行动。因为这样的方法不起作用，只会使情况更糟。另一方面，爱真的可以让情况变得更好吗？我所学到的真的会让情况变得更好，真的能帮助我停止对孩子大吼大叫吗？爱，是大写的爱，爱的四字诀。

当我创造出这个四字诀时，我只打算有那么一两次能用它来帮我保持冷静而不是大吼大叫。结果，我现在每天都在用它，经常都在用它。是的，当孩子们的行为像个诱饵，而我感觉，自己就要上钩的时候，我就会停下来，去倾听他们的话语；观察当时的情况（时间、温度、周几了、他们脸上的表情）；跟他们一起验证为什么他们会发脾气，会胡闹，会捣蛋，或者莫名其妙的其他原因。然后我会强调，站在他们的角度，我理解他们发脾气的原因，理解他们的行为，这有助于我保持冷静和镇定，有助于我跟他们的交流和沟通。

> 另一方面，爱真的可以让情况变得更好吗？我所学到的真的会让情况变得更好，真的能帮助我停止对孩子大吼大叫吗？爱，是大写的爱，爱的四字诀。

我想，在很大程度上，对孩子的爱已经成为了我的新型安全毯。不要担心，毯毯，你不会被取代。爱的四字诀是我最得力的工具，有了它，我不再吼叫。它不仅给我以安全感，使我不再吼叫，而且在一片混乱中，给我和孩子以温暖和安慰。

第 19 天：启示，行动与小建议

橙色犀牛启示
- 如果我能以友善、理解和爱的四字诀跟孩子相处，那他们就更可能倾听和接受我的话语，我就更可能迅速地变糟为好。

今日行动
- 爱的四字诀
  倾听 Listen
  观察 Observe
  验证 Verify
  强调 Emphasis
- 践行四字诀的每一个方面
  ▶ 刚开始，要有心理准备，在"验证"这个环节你可能会出错，孩子可能会对你说，"不，你全都搞错了！"。保持冷静，再试一次，也许可以请孩子帮帮你。
  ▶ 在你验证和强调的时候，要注意细节。尽量不要逐字逐句地重复孩子的话语。我知道，弄不好反倒会火上浇油。
- 模仿表情。如果你很难理解孩子的想法，那么就看着他，注意他脸上的表情，模仿他的表情，做个鬼脸。这个方法听起来奇怪，不过效果神奇，可以使我感受到孩子的内心。
- 关爱自己！在这个过程中，不要忘了关爱自己：对自己要宽容，照顾好自己，这样你才能以爱心和优雅的姿态继续进行下去。

> 永远不要把一次挫败等同于最终的挫败。
>
> ——司各特·菲茨杰拉德[2]

今日小建议

冷静	**橙色犀牛最喜欢:**洗去压力。在脸上和脖颈处放一块温暖的毛巾,深呼吸,好像自己是在洗温泉浴。我每晚洗澡时都这样做。这是预备动作。
燥热	眼睛盯着你喜欢的东西,回忆那些快乐时光,这可以消释你的怒气。
火爆	拥抱。是的,这和以前的方法一样。但它的效果特别好,对相关各方都有益。

你最需要的就是爱。

——约翰·列农[3]

第20天

寻找新视角：
"至少"——我最喜欢的新魔咒

第3天，

  亲爱的新视角，

  很高兴和你一起吃早饭，每当你坐在我的身边，和我一起开始这新的一天时，我就不会轻易地吼叫。我想起了，孩子就是孩子。我想起了，打翻了牛奶并不等于世界的末日。我想起了，一句从容的道别比匆忙的分手更加重要。我想起了，对我来说，更需要关注的是不吼不叫，而不是房间里是否干净整洁。是的，新视角，在这场努力做到不吼不叫的挑战中，你是我亲爱的朋友，我随时欢迎你和我一起吃早餐、午饭和晚宴。不过，请注意，我的家可能不总是很干净，而且我还是个很糟糕的厨师。

               干杯！

               橙色犀牛

  我记得，好像是在昨天早晨，我才认识到了"新视角"的绝对力量。几周来，太阳难得第一次照进了厨房窗户。恍惚中，我醒了过来，脑子里还模糊地记着，麦克昨晚有没有睡好。接下来，我跟孩子们开始热烈地讨论，如何在30分钟的时间内穿衣、刷牙。等我平静下来的时候，看着窗内的阳光，我感到心里有了希望，这个早晨我一定可以控制好，不，这一整天。

  我往烤箱里放了一些冷冻的面包，拿出黄油和果汁，然后紧紧盯着窗外那美丽迷人的冬日里初升的太阳。是的，今天，我一定可以做好。

  唉，可这种感觉仅仅持续了十五分钟。一吃完早餐，孩子们就开始玩耍了。我注意到，厨房地板上有洒落的果汁，麦克正在地上到处爬行，弄得满地板乱七八糟，黏糊糊的膝盖印子到处都是。此时，睡而未醒的我真想冲着麦克和安德鲁大声尖叫，要他们给我解释果汁跑到地上的原因，但是我不知道那一刻自己心里想到了什么（也许是太阳给了力量？），我没有这样做，而是微微笑了。

  这很正常。

第6章 当事情或孩子令你抓狂时，保持镇静 137

只不过是果汁而已。

我已经有了五年半养育孩子的经验,也有了好几年因为小事对着孩子大吼大叫的经历,最终我找到了寻找新视角这个方法,而且一用就再也没有放手。我打扫干净厨房,然后草草地写下了刚才那封"亲爱的新视角"的信,我们接着再看下文:

新视角。这就是我需要的东西。十有八九,我的吼叫根本没有真正适当的理由。例如,安德鲁现在正学着自己吃饭,这比麦克在撒有果汁的地板上爬行更加重要。

我没办法一下子写完这封信,那天晚上我也写不成,因为你知道,你懂的,有了孩子后,生活就是这样。要照顾年幼的孩子,八点的时候就得睡觉。但是我还是挤出时间写完了这封信。不管怎么样,我今天做到了不吼不叫。

要知道,今天的形势可于我不利。但是我依然做到了。我认为这都是因为我找到了寻找新视角这个方法。我开始从不同的角度看待事情,这就是我成功的原因。

是的,我相信,是寻找新视角这个方法帮我快乐度过了这一天,自从我发现这个方法后,它就屡试不爽。我要感谢这几个字,在我最需要的时候,是它们帮我发现了新的视角……

> 新视角。这就是我需要的东西。十有八九,我的大吼大叫根本没有充足的理由。

至少,这是两个能产生巨大影响的词语,它们威力无穷,我现在特别喜欢它们——当然,它们的排名要在爱的四字诀之后。真的,如今,每当我想要因为一些小事情吼叫的时候,我就开始想起这几个字。您瞧,我现在的生活轻松多了,我们要知道,生活本可能更糟,所以我们要随时注意寻找新的视角。

"噢,地上有洒落的果汁。至少,这一瓶没有都撒掉。"
"噢,他爬到了桌子上。至少,他没有爬到吊灯上去。"

"噢，他把卧室弄得一团糟。**至少**，他的几个兄弟没有这样做。"

"噢，有了这三个孩子，而且他们还都需要做各自的治疗，这样的生活真令人心烦，可**至少**他们都在我的身边，我还可以去爱他们。"

我可以无限地继续下去，至少，多说一点还是可以的。

"啊，我还要接受363天这样的挑战，可**至少**我已经度过了两天，这比一天也没有要好多了。"

"啊，我今天吼叫了……**至少**，我以后会尽量做到不吼不叫。"

看到了吧，"至少"确实在创造奇迹。这个词不合你的胃口？那就换一个其他的词，只要能帮助你看到事情积极的一面都可以。我自己喜欢的另一个词是——"幸亏"。

"今天吼叫的诱因真是太多了，嘿，**幸亏**，幸亏我知道自己是谁，知道自己需要做什么。"

不论你选择了什么样的词语，新视角的力量都是一样的。在一片杂乱中找到新视角容易吗？放下手头的烦恼，说"至少"和"幸亏"，然后再开始一如既往，这容易吗？不容易。有时候，局面之糟，让人根本找不到新视角，甚至根本不想去找什么新视角。有时候，我要花很长时间才能找到新视角。有时候，只要三秒钟，有时候，要三小时，而在遇到其他更糟的局面时，可能要三天甚至三个月。但是，当我最终找到新视角的时候，我的心里确实有如释重负的感觉。

为了做到这一点，我会在乎花得时间太长，付出得努力太多吗？不会，因为，至少，我做到了。

> 如果你不喜欢某件事情，那就改变它。如果你改变不了，那就改变你的态度。
>
> ——马娅·安杰卢[4]

第6章 当事情或孩子令你抓狂时，保持镇静

地板上的乐高玩具真惹人生气，一踩到上面我就心烦！一看到地上的玩具我就感到毛骨悚然，后来我想："嘿，至少詹姆斯没有把它们扔得到处都是，至少，他是在特别认真地从事一件有创造性的活动，至少这色彩缤纷、乱七八糟的一堆是乐高玩具，而不是抹不掉的颜料。"

140　少些吼叫多些爱
　　　YELL LESS, LOVE MORE

第20天：启示，行动与小建议

橙色犀牛启示
- 新视角是帮助我不吼不叫的有力工具

今日行动
- 全天都使用"至少"这个方法，以此来平抑心中想要吼叫的欲望。如果这个词儿不管用，那就找一个管用的词儿。
- 利用这个方法来平抑孩子们的怒火，例如，"妈妈，我的披萨饼上有块绿色的东西"。我的回答是，"嗯，至少那是块调料，不是绿色的鼻屎，要是那样可糟透了"。要有点创意，通俗点，可笑点。越通俗越好。我的孩子们也学会了"至少"这个方法，而且还用它来消除心中的失望。既简单，又有效。
- 努力寻找新视角，评价你在橙色犀牛挑战中做得怎么样。看看自从你开始橙色犀牛挑战以来，在你生活中的哪些方面有什么进展，写出其中的三个方面。注意，即使你还没有到达你想要的那种状态，至少，你已经开始了行动，现在走上了正确的道路。

_____

_____

_____

_____

_____

_____

_____

> 生活不是等待暴风雨过去，而是要学会在风雨中舞蹈。
>
> ——维维安·格林

今日小建议

冷静	拿出一分钟，什么都不做（如果时间允许，就长一点），只是注视着你的孩子们。这样的举动总是会让我的内心多了一点对他们的爱意，多从一些新的视角看他们。
燥热	在局面混乱的时候，打开电视机，比通常情况下多开一段时间，我发现，在我黔驴技穷的时候，多看一会儿电视并不会导致世界末日的来临。
火爆	大声地吹口哨。此举会迫使我全神贯注于自己的呼吸，最终孩子们会因为我忽视他们而气恼，这时，我就重新吸引了他们的目光。

第 21 天

在你刚想大叫时大笑：
2013 年的牙签大灾难

和孩子们一起出外度假的时候我总是睡得很好……不！是一点也不好，从来都没睡好过，也根本不可能睡好。我的孩子们睡得晚，醒得早，晚上翻来覆去，要醒无数次，要么是因为来到一个新地方激动得睡不着，要么是到了新地方怕黑睡不着。

他们睡不好，我也睡不好。他们越亢奋，我也就越高兴。啊，不。假期刚开始的那几天早上，孩子们早早就起来了，而我还睡意朦胧，这时我真想多睡两个小时啊。可当一天中的快乐行动开始后，我想，看来损失点睡眠还是值得的。虽然这样说，我还是不希望有这样的早晨，不愿意孩子们使劲地吵我。我冲杯咖啡，心里想着从新的视角看他们，努力做到不吼不叫。可是我母亲，却无法习惯这样乱哄哄的早晨，孩子们太兴奋了，满世界活蹦乱跳。

我永远也忘不了 2013 年 8 月 18 日。那天孩子们太疯狂了。那天的事情太滑稽，就算是编故事都想不到这样的情节。到现在，只要一想到这事，我就忍不住哈哈大笑，甚至连字也没法打。

大约早上六点，我终于把孩子们从父母的客房里赶了出来，孩子们一路飞奔着下了楼，把外公外婆收藏的乐高玩具拿了出来，开始盖房子。我坐在客厅里喝咖啡。孩子们玩了还没有两秒钟，莱利，也就是我父母养的那条硕大、声高、爱玩闹的宠物狗就从房间里冲了出来，它一看到这么多孩子，顿时倍感兴奋，结果一下子就跳到了装玩具的桶上，顷刻间，积木漫天飞舞，几个小建筑师的眼泪哗哗地就流了下来。

爱德华都气疯了，他立刻抓住了莱利的项圈，打开门要把它拖出去。这可是个大工程，不过执行得不太好（我想，这是因为他太累，太生气了）。可是，他没有打开通向后院的小门，却打开了通向车库的门。安德鲁很明显是想要帮助他实施这个大工程，他打开了车库门，和安德鲁一起把莱利赶进了空旷巨大的社区公园。

莱利刚一摆脱束缚，就开始大叫，结果吵醒了所有的人，包括外婆。她穿着睡衣从房间走了出来，头发蓬松，眼睛半睁半闭。

"怎么这么乱？莱利去哪里了？"她大声喊道。

"喔，妈妈，是莱利在叫。它跑出去了，一半是孩子们故意，一半是意外。我使劲要把它弄回来，但是它不进来。"我同样是半睡半醒地说道。

"孩子们，你们把那些乐高玩具收拾起来，我去找莱利。"外婆的喊叫比刚才声音低点了。

"好的，外婆。"他们很快就收拾好了玩具，因为我刚才已经要求过他们了。莱利还想朝他们冲过来，但是被揪着脖子拽进了卧室，因为外婆担心它再引起一场乐高玩具大爆炸。看到狗跑出去了，妈妈和外婆像两个疯女人一样竭尽全力去抓狗，孩子们欢呼雀跃。所以，我就让他们猜字谜，想要通过这个活动让他们安静点、专心点。他们似乎都对字谜挺感兴趣，开始安静地猜测。现在，我终于能安心地去卫生间了。

可我完全错了。我正在卫生间里大号（30秒，也许60秒？），孩子们就扔下了字谜，翻出了外公最喜欢的一件玩意：一个外形像鸟一样的牙签盒。只要按一下鸟喙，里面就会出来一根牙签。如果你不停地按、按、按，就会出来一堆牙签。

我刚从卫生间出来，就痛苦地喊叫了一声，"哎哟"！

"地上是什么东西？"我大声问道。我低头一看，看到我父母崭新的地毯上立着大约30根牙签。

"怎么回事？"我说，"这是你外公的东西，放回去！"这次我说话的语气比刚才要严厉多了。

"但是妈妈，我们是在给莱利设陷阱，这样，如果他再跑出来，就会踩上牙签。"孩子们用无辜的语气说道。我不得不承认，这个计划有合理性，因此我的吼叫声也弱了。

"孩子们，创意和设计可以得一等奖，但是不经许可就用东西，这可得不了多少分。请现在就清理干净。"我说道。这时，外婆已经从另外一个方向进了卫生间，她一点也没有看到地上的牙签阵，当她从卫生间出来的时候，就踩上了还没有收拾干净的牙签，她立刻大声喊叫了起来。

"孩子们，这是……"她的话还没有说完，就传来了一阵阵急促、高昂的滴滴滴滴声。火警！爱德华和安德鲁立刻就捂住了耳朵，我赶紧跑出去找詹姆斯和麦克，我们得马上出去。詹姆斯满脸惊恐地突然从角落里冒出了头，但是在刚才发生牙签事件的那两分钟里，麦克却不见了。我疾奔上楼，发现他坐在一台即插即用的一氧化碳机器旁边，已经吓呆了。

他一次又一次地说，"按键"，是的，他按下了检测器上的一个按键，结果把它给关了。我立刻动手，想要关掉警告音，这时，我真想大吼一声，"你他妈的是不是想要我？"。可我不走运，没关掉。

正在这时，电话响了。

"你好，我们是消防队，你们的安全卫士，你那里有火灾吗？"电话里有人问道。

我妈妈说，"没有，我的两个外孙按了一个按钮，我们该怎么把它关掉呢？这声音吓得孩子们又哭又叫，我们要把它关掉"。

"你们需要往报警系统里输入密码。"电话里那人对我妈妈说。

"啊，妈的，我不知道密码，而我的丈夫现在正在西海岸。现在那里还不到凌晨四点，他肯定还在睡觉，还有别的办法吗？"

"不行，你只能输入密码，否则消防员就得出动。"

我妈妈给我爸爸连打几次电话，但是无人应答。我飞快地输入我小时候，爸爸常用的密码。一点用都没有。孩子们都有点歇斯底里了。这时，门外传来了阵阵的敲门声。

> 吼叫不起任何作用，它只会让你心烦气躁。放声大笑吧。

詹姆斯说道，"外婆，门口有四个消防员"。

他们刚走进房门，报警声就停了。我成功了。

虽然我的成功晚了五分钟，但是我感觉自己真像个女超人。

消防员和孩子们击掌庆贺，然后领着他们去看消防车。情况良好，我和妈妈终于有了三分钟的宁静，看来，今天大概在可控范围之内。

直到……

看完消防车后，我们就回到了家里，詹姆斯和爱德华兴奋地把手里心爱的玩具扔上了空中，……结果高高挂在了吊灯上，只有用梯子才可以够得到。"真的吗？你是在耍我吧？刚刚才闹了这么一场，现在连七点都不到？去拿梯子？不去。"我紧闭双唇，尽量控制自己不去吼叫，鼻翼大张，喘着粗气，就像我儿子最喜欢的恐龙玩具。噢，我真想火冒三丈啊！

第 6 章　当事情或孩子令你抓狂时，保持镇静　　145

外婆比我还要努力地控制着自己，但是她终于忍不住了，开始大声吼叫。我拉住她的胳膊说，"妈妈，有时候，我们必须要大笑。笑吧，这时候你还能干什么？吼叫不解决任何问题；只会让你愤怒，放声大笑吧，另外，我们不得不承认，这一切都很可笑！继续，大笑吧！这一周的假期将会很疯狂，你最好学会如何保持冷静！"

她开始大笑，我也开始大笑。这感觉太好了，远胜于吼叫！笑声使我们冷静了下来，我于是通知詹姆斯和爱德华，他们心爱的玩具只能待在吊灯上，因为他们知道往空中扔玩具的后果。那天晚上，我脸上带着大大的微笑上床睡觉。我忍不住想笑，这一天的局面完全失控，但是我的表现令人难以置信，因为我在这样的情况下仍然选择了放声大笑。

第 21 天：启示，行动与小建议

橙色犀牛启示

- 大笑确实可以平息你的怒气，并从正确的角度看待事情。
- 预估、接受、并欢迎疯狂的生活，而不是想要去与之斗争、想要去改变，这给了我精力和耐心，使我在面对疯狂的局面时仍然保持冷静，不吼不叫。
- 我给儿子的老师发电子邮件，告诉她，"很抱歉，又一次要改变我们会面的日期。另外，对孩子们给您带来的麻烦，我表示深深的歉意"。她在回复中说，"无论何时，疯狂都是我们生活中一个可以接受的组成部分"。哦，我是不是该他妈的为这句精辟的言论大声喝彩呢？！

今日行动

- 在你想要大声喊叫的时候，放声大笑。如有必要，假装大笑。大家常见的建议"在你生气时，微笑，那么你就会感到开心"，这也同样适用于大笑。
- 和孩子们一起疯狂——你会发现这样做非常有意思。设一个牙签阵，跟孩子一起跳格子，把东西扔到空中，看看它们是否会被挂住。给孩子讲笑话，也让他们给你讲笑话，做一些出格的事情（也许可以让孩子们给你穿上他们的衣服）。跟孩子们一起玩耍！这些活动总可以帮助我冷静下来，不吼不叫。而且，跟孩子们在一起的时间多了，他们也就更愿意听从我的建议。

> 你不可能在生气的同时大笑，怒气和笑声相互排斥，你可以选择其中一个。
>
> ——维恩·戴尔[5]

今日小建议

冷静	深呼吸一到三次。如果你在深呼吸,那么你就不会大吼大叫!
燥热	在你想要冲孩子吼叫的时候,伸手去胳肢他,逗他发笑。我认为发笑比牛奶更有益于身体。 告诉孩子,"把头贴到膝盖上!"如果你们正在汽车上,那么这是个分散注意力的好方法。
火爆	像大猩猩一样用拳头擂打自己的胸膛。即使你感到这样做很荒谬,也尽力不要笑出声来。如能在公共场合这样做,效果更好。

一天不笑等于浪费了一天。

——查理·卓别林[6]

第 22 天
告诉自己吼叫不管用：
我跪下来，大哭……

在接受橙色犀牛挑战的几个星期后，我已经有十天不吼不叫了，并且正在努力使自己保持下去。这个时候，我写下了下面的这些感受。我以前从未把它拿出来与大家共享，是因为我没有勇气。我不愿意承认自己如此脆弱。我知道大吼大叫对孩子的影响很大，但是我也不希望这样的认识真的成为现实。如果把它拿出来与大家共享，那这就真的成为无可辩驳的事实。所以，我一直隐藏着这份帖子，不愿意回顾自己的痛苦。直到如今。令人高兴的是，如今在我们一起回顾这段经历的时候，我感到的不是痛苦，而是因这种变化而产生的快乐和欣慰。

2012年2月3日

今天上午，安德鲁不小心撞塌了詹姆斯的乐高积木。那是詹姆斯的精心之作，他全神贯注、花了好长时间才摆放得形态匀称，正在兴高采烈地欣赏。所以詹姆斯勃然大怒，马上就从地上跳了起来，要去追赶安德鲁。当时他正在我的旁边摆积木，他没有打到安德鲁，却打到了我。他的胳膊肘一下子杵到了我的脸上。真疼。我的怒火也一下子爆发了，我跳了起来，开始大喊，"你怎么回事？为什么就不能冷静？"。我看了一眼詹姆斯和他脸上的泪水以及他那破碎的乐高作品，然后蹲下身把积木收拾到一起。詹姆斯蜷缩在地上，我在他的身边跪了下来，伸手扶起了他，詹姆斯就软在了我的怀里。我紧紧地抱住了他。

摇晃着他的身体。

有生以来第一次，我跟他一起放声大哭。

我为他而哭，也为自己而哭。我为我们两人而哭，因为我知道，我们两人都为他遭受的这次挫折而心痛。他有好长时间不让我抱他了。我也有好长时间没有抱他了。我真的好久好久没有抱他了，因为，说起来伤心，我经常对他的那些新出现的错误感到生气和沮丧，因此一直没有关注他，拥抱他。我只是冲他吼叫，批评他，想要让他改正，可是我却

不知道他最需要的只是拥抱和关爱。

让我来告诉你，用心去爱他，感受他的痛苦，要比冲他吼叫，引起他更多的痛苦带给我更多的快乐。此时，他抱着我的肩，我抚着他的背，我们互相倚靠在对方的肩膀上放声大哭。此刻，我的内心里感受到了我第一次抱着他时的那种感觉。我只想永远把他抱在怀里。告诉他，我向他承诺，一切都会好起来，那些缺陷会随着时间的流逝而慢慢淡去。

> 让我来告诉你，用心去爱他，感受他的痛苦，要比冲他吼叫，引起他更多的痛苦会带给我更多的快乐。

你知道，詹姆斯和我一样，有一些感觉方面的问题。他在声音、触摸、嗅觉和味觉方面特别敏感。知道了这一点后，我真是心痛欲碎。我心痛，是因为，我担心他会和我一样，在人生的道路上要花费很长时间才能理解和掌控自己在感觉方面的问题。我心痛，是因为我知道，作为一个敏感的孩子，虽然他能够从海水的味道和泛潮的声音中体会到充足的乐趣，但是我也知道，他将会面对很多的挑战，例如说，在闻到食物难闻的味道时，不会把它丢弃，天热时不会撕扯自己的头发，当周围一片混乱时不会大吼大叫。

我心痛，是因为，我知道，在某种程度上，这是我的错，此刻我真想大喊，"他妈的DNA！为什么你非要把我的缺点遗传给一个甜美可爱的孩子？！为什么你非要像折磨我一样折磨他？！"但是此刻，让我心痛的不仅仅是我知道了詹姆斯有一些感觉方面的问题，我还特别恨我自己。我恨自己，是因为，这么多年来，其实詹姆斯一直在尽力控制自己的行为，只是他无法做到，因为他不懂得如何控制。而我只是一味地冲着詹姆斯吼叫，却没有给他以更多的指导。

因为他冲我吼叫，因为他感觉燥热的时候哭哭啼啼，我就冲他吼叫。他拒绝尝试新食物，因为那味道令他恶心。他跟兄弟们打架，因为他们坐得离他太近。我也冲他吼叫。我甚至口吐脏话，"为什么你不能跟大家在一起玩耍？"。他啜泣着对我说，"妈妈，我办不到，我不是要做坏孩子，真的不是，我只是受不了那些乱七八糟的声音，一听到，我就浑身难受。我需要安静"。

我的心在痛。

噢,噢,我经常冲他吼叫,不愿意听他诉说自己的需求,我以为,吼叫会起作用,会终止他那种种怪异的行为。事实证明,我没有动脑子。因为,如果我真的动了脑筋,我就会知道,吼叫不起作用,它只会火上浇油。吼叫只是让詹姆斯的哭声更大、更长,因为我的大声吼叫不仅仅伤害了他的感情,而且还使他本已脆弱的神经雪上加霜。

> 冲詹姆斯吼叫只会使情况变得更糟,拥抱他,倾听他的心声,了解他的感受,才会使情况越变越好。这才是更好的方式,立竿见影。

冲詹姆斯吼叫只会使情况变得更糟,拥抱他,倾听他的心声,了解他的感受,才会使得情况越变越好。这才是更好的方式,立竿见影。我对他的怒气少了,沮丧少了,我知道他对我的感受同样如此。

而且我对自己的怒气、对自己的沮丧感也少了。我的信心增加了,因为我现在知道了如何去更好地帮助他。这一点才最令人欣慰,因为詹姆斯有一颗善良的心,我应该去珍惜它、关爱它,而不是去毁灭它。

我知道,冲他吼叫是在慢慢地毁灭他那颗善良的心,以后,我再也不会这样做了。绝对不会。我再也不会让我的怒气压碎他那颗对我、对所有人都充满爱的心,**我再也不会让我的怒气压碎他那颗敏感、脆弱、对所有人都充满了同情的心**。那颗心似乎在说,"妈妈,养育四个孩子肯定很难"。那颗心似乎在说,"妈妈,我听到了报警器的响声,我希望没有人出事"。在我们最终停止了哭泣和拥抱后,那颗心似乎在说,"妈妈我爱你,谢谢你不再冲我吼叫"。

不必说谢,詹姆斯,不必说谢。我承诺,一切都会好起来。一定、一定会好起来。我是这样想的,我也坚信事情一定如此。

从这天后,我走上了正轨,自那以后,再也没有冲詹姆斯吼叫过。这种感觉真好。不出意外,詹姆斯的表现也非常棒。他在感觉方面的问题也得到了控制,目前正在努力想要成为一个善解人意的好孩子。

第 22 天：启示，行动与小建议

橙色犀牛启示

- 吼叫不起作用，除非是在紧急情况下。
- 如果有人冲我吼叫，那我就无法理解对方的要求，我又怎能按指定的要求去做，而且是在我根本失去了回应欲望的情况下？
- 对孩子也是一样。在我喊叫的时候，孩子们听不到我的话。如果我想教导他们，我需要悄声低语，这样他们才会有一种接受的心态，才愿意倾听我的教导。
- 越吼叫，就越是被拒绝。只有不吼不叫，在需要的时候（例如说，紧急情况。在这种情况下，一声简单、清楚的"停"或者"危险"就够了），吼叫才会起作用，效果才会更好。
- 吼叫刚开始似乎起作用，因为它确实能吓阻孩子们，让他们终止手头的活动。但是这取决于类似事情会出现多少次。很明显，从长远看，这样的方法不起作用，因为它没有让孩子明白终止的原因。

今日行动

- 告诉自己，吼叫不起作用。
- 问问你自己，"如果我的孩子们大吼大叫着要我去做某件事情，那会怎么样？"我会有帮助他们的念头吗？它会使我怒火上升还是使我心态平和？有用吗？它会使得事情变糟还是变好？回答这些问题，好好思索一下这些问题的答案，你就会知道，你的孩子们也可能和你的想法相同。好了，那你为什么不去问问他们呢？
- 现在，问你自己，"如果我大吼大叫着要孩子们去做某件事情，那会怎么样？"
    ▶ 真的像你希望的那样有效吗？
    ▶ 如果他们立刻就做出了回应，为什么？是因为害怕吗？有没有可能是因为他们习惯了这样，就是等着你吼叫，才会做出回应？
- 如果你认为吼叫是让孩子听话的唯一方式，那么马上开动脑筋，想出三个替代方法来。我的方法是：（1）走到他们的跟前，跟他们对视；（2）说话的时候,跟他们做些身体上的接触;(3)要求他们重复我刚说过的话。
- 面对镜子,问自己"我对自己的期待表达得清楚吗?问话的方式孩子们愿意接受吗?"。当孩子们在远处,或者正玩游戏的时候,我真不愿意要求他们去做别的事情。有两点是关键:我离他们较远,这就需要他们能注意到我,可他们正玩着游戏,很难集中注意力;我得先让他们停下来,可还不知道他们是否愿意听我的话。

> 善言善语可以很短,而且说来容易,但它们产生的反响真的无穷无尽。
>
> ——特雷莎修女[7]

今日小建议

冷静	全天都用一根橙色的吸管来喝水,用这个简单的橙色用品提醒自己,注意橙色,注意优点。其他收益:多喝点水也有助于你精神焕发。
燥热	像螃蟹一样横着爬,这样的活动既可以逗孩子高兴,还可以释放出有益于身体的化学物质。如果还想更有趣点,那就和大家一起举办一场螃蟹爬比赛。在这个过程中,孩子们会踢到你的屁股,你也可能会摔个屁股墩儿,你会彻底忘掉吼叫。(螃蟹爬的动作看起来和屈膝跳的动作正相反。把手置于臀下,弯曲膝盖,然后,跳!)
火爆	在你感到绝望的时候,把头伸进橱柜里去吼叫。食品柜没有生命,但是孩子有。

第6章 当事情或孩子令你抓狂时,保持镇静

第 23 天

大声说出来：
"妈妈吓坏了。"

童年时期，我常常因为多愁善感、容易啼哭、反应过度或者把世间万物都赋予了生命而受人戏弄和嘲笑。成年后，我交了一些新朋友，其中就有我的丈夫。这时，我仍然想方设法地去确保自己的做法不"过分"，因为受人戏弄的感觉仍然如此真切，如此刺痛。为了能交到朋友，并维持彼此间的友谊，我把自己大多数的真实感情都压抑在内心，这样我看起来就没有什么包袱，就不会被人看作是"过分"的人。我成了隐藏感情的专家（其实，更像是个没有感情的机器人）。我会对他人给予情感上的帮助，但是我尽力不表露自己的真实情感。我尽力把自己所有的感情都封冻起来，把它们保留在心底，不让任何人接近，这样，就没有人会因为我"过分"而取笑我。

我的计划执行完好，直到我成为了一个母亲。这时，我体会到了太多心潮澎湃，激动人心的时刻，我再也无法隐藏自己的欢乐、骄傲和爱意。我心里有一种强烈的欲望，想要吐露这些感情，与人分享自己对孩子的感受。所以我就这样做了。不过，我的分享对象只限于我的丈夫和孩子。

可是我依然尽力压抑着其他的感情，那些"黑暗的"感情，我担心别人会认为我"过分"。这个计划执行完好，直到我接受了橙色犀牛挑战。这时，我才认识到了，压抑自己对孩子的恐惧、沮丧、失望，压抑自己对生活的恐惧、沮丧和悲伤对我一点好处都没有。事实证明，因为担心举止"过分"而抑制自己的情感完全是适得其反。**抑制自己的情感只会使那些负面情感累积起来，越积越多，最后就以"吼叫"这种过分的方式表现出来。**

所以，如果我想要继续做一只橙色犀牛，我就要选择不再抑制自己的情感。我强迫自己重新与人交谈，强迫自己重回那个真实的旧我。刚开始，我让自己重新感受、重新哭泣，自己与自己分享情感。后来，我就开始与朋友、与家人分享。再以后，我开始与橙色犀牛团队分享。你知道吗？这样的感觉太棒了。重回自我、不用害怕、再也不用隐藏任何东西、再也不必抑制内心的紧张和焦虑。自从我敞开心扉后，做到不吼不叫简直是轻而易举。

自从我开始与人分享我的情感后，我的自信心增加了，我对这种分享如何帮我不吼不叫的原因理解得也更深了。这时，我不由自主地想起了我的孩子，他们在发怒和沮丧的时候会踢打、喊叫、又掐又咬、还乱吐口水，而我对这些情况的回应总是，"动口，不要动手，告诉我出什么事了"。可是孩子们不愿意动口，原因之一是他们还是孩子，不知道如何表述，另一个原因是我从没有教过他们如何表述。我只教过他们如何压抑自己的情感，在积累到一定程度的时候，用行动表现出来。所以，我也开始跟孩子们分享我的感受，我希望他们也能学一学。知道分享情感不仅正常，而且非常重要，绝对有必要。**我还希望他们知道，分享自己的感受，表达自己的不满，远胜于又吼又叫。**幸运的是——也可能是不幸，这要看你如何看待这个问题——在以后的生活中，我有很多机会来给孩子们上课。

麦克刚14个月大的时候，第一次生病。感恩节过后的一天晚上，他第三次发病，而且非常严重。我飞奔着把他送到了急诊科，给他输氧。我只零零碎碎地记着医生说的几句话，"神经科医生。普隆托。癫痫或者脑瘤。明天再来"。所以，我们第二天就去了。神经科医生的诊断不是太糟，但也不太好。医生确认，我们需要排除掉脑瘤导致发病的可能性，我们还需要做三天的入院检查看看是不是癫痫导致的发病。医生根据我在麦克发病时拍摄的视频（不要问我在那种情况下，我怎么会想到这样做），基本认为，病因更像是癫痫，而不是脑瘤。但是，我离开医院的时候仍然是恐惧，满心的恐惧。这种恐惧感太强了，以至于在我走进家门、一整天没见我、神情紧张的孩子们叽叽喳喳向我提问的时候，我都有点不想当母亲的感觉。我不想负责，我只想哭泣、哭泣、放声大哭。我想要害怕，想要伤心

我不想搭理这些精力旺盛的孩子，也不想看到他们又见到我时的那种兴奋感，还有他们对麦克的担心。可是，我又想与他们坐在一起，我想拥抱他们，爱抚他们，感受他们此刻流露出的关心。我百感交集，想要一个人独处，又想要跟孩子们在一起。我脑子里一片混乱，只想冲着他们大喊，让他们不要烦我，不要在我身上跳来跳去。

> 把我的感受说出来，而不是把它们憋在心里，这让我在艰难的一周期间感觉更冷静，与我的孩子联系更为紧密，而更重要的是，这让我避免了不必要的大呼小叫。

所以，我做了我该做的事情，也就是橙色犀牛挑战教我去做的事情：我开始对孩子们谈论自己的感受，并告诉他们今天发生的事情。"嗨，小家伙们，我也很高兴看到你们。我非常爱你们。事情是这样的：妈妈今天和宝宝出去了一整天，妈妈很想念你们，但是妈妈累了，感觉有点紧张和害怕。所以我需要你们帮助我。我想让你们去地下室里尽情玩耍，要是在这里玩，就要保持安静。妈妈一紧张就会发脾气，我不想对你们发脾气，我想多多地爱你们。你们能帮我吗？"

这个方法起作用了。把我的感受说出来，而不是把它们憋在心里，这让我在艰难的一周期间感觉更冷静，与我的孩子联系更为紧密，而更重要的是，这让我避免了不必要的大呼小叫。从那以后，这个方法多次生效。你知道还有什么其他有用的方法吗？哭泣。那天上午，孩子们向我发脾气，说，最近我只关心生病的麦克，这时，我忍不住哭了。你知道吗？我以前就常哭，现在还是，因为，如果我想要向孩子们展示如何对待自己的各种情感，我就需要把这些情感在他们面前表露出来，即使是那些丑陋的、令人不舒服的情感。只不过，我跟孩子们分享的是那些他们这个年龄段能接受的情感。我会强迫自己告诉他们我的感受，而不是冲着他们吼叫。这样在他们以后发怒的时候，就知道用同样的方法处理。

有时候，我也担心，自己是不是跟孩子分享得太多了。但是一想到，正是因为分享，我才不再吼叫，正是因为分享，孩子们的情感才不再用动作表露出来，我就认定，这种分享可能太多了，但是，是它帮助我们头脑冷静，这样的付出物有所值。

第23天：启示，行动与小建议

橙色犀牛启示
- 把感受和情绪封存起来对我一点好处都没有，如果我不想大吼大叫，我必须学会分享自己的感受。
- 在我沮丧、紧张的时候，表达自己的不满而不是大吼大叫有助于孩子们体会我的感受，这也让他们懂得，自己该如何去表达不满，如何对待自己的感情。
- 勇敢地去感受，与人分享自己的感受，这都不是什么丢人的事情。

今日行动
- **大声说出来，大声地与人分享自己的感受。** 逐步锻炼自己，慢慢与人分享各种感受，包括好的和不好的。在你开心、狂喜、自豪和幸福的时候，把这种感受说出来。在你疲累、饥饿、紧张的时候，也把这种感受说出来。在你愤怒、伤心、或者担忧的时候，同样把这种感受说出来。尤其是当你想大吼大叫的时候，一定把它说出来。注意，是说，不是喊叫。
  - 如果你生孩子的气，请注意一定要使用"我"这个人称，对事不对人，否则结果适得其反。例如，你可以说，"我很生气，玩具现在还在地上"。但是不要说，"我对你很生气，你怎么不把玩具捡起来"。
  - 刚开始，如果你感觉大声说出来有点困难，那就把自己的感受写下来，然后读给某人来听。在接受"少些吼叫，多些爱心"的这次挑战中，这是特别好的一种锻炼方式。
- **跟孩子一起玩动作字谜。** 在一个晴朗的夜晚，皓月当空的时候，通过玩动作字谜来教导孩子们认识不同的情感。不一定非得用什么正式的游戏，只要让孩子们能根据各人脸上的表情猜出他们的感受即可。然后，你也跟他们一起来做。
- **让孩子们把感受画出来。** 如果你的孩子们太小了，说话词不达意。那么在他们生气的时候，给他们一支笔和一张纸，让他们画出自己的感受。这是我们家的法宝。有时候，他们只是生气地乱涂乱画，但是这也可以发泄他们的一些怒火。这方法甚至对成人也管用。

不要担心孩子总是不听话，要担心的是他们总是关注着你。

——罗伯特·富尔格姆[8]

今日小建议

冷静	**橙色犀牛最爱**：吃一个胡萝卜或者一个苹果，只要是又脆又硬的东西就行。这样你就可以通过咀嚼，把压力赶走。
燥热	吃一些橙色的食品，巧克力就是个很好的情绪转换剂。
火爆	大哭。是的，大哭。把你的沮丧感展示给孩子。这样的举动常能让孩子们体会到你的感受，从而在行动上有所改变。而且，它也可以使你自己感觉好受一点。

译 注

[1] 诺曼·文森特·皮尔（Norman Vincent Peale，1898—1993），闻名世界的著名牧师、演讲家和作家，被誉为"积极思考的救星"、"美国人宗教价值的引路人"和"奠定当代企业价值观的商业思想家"。数任美国总统顾问，获得过里根总统颁发的美国自由勋章——美国公民最高荣誉。

[2] 弗朗西斯·斯科特·基·菲茨杰拉德（Francis Scott Key Fitzgerald，1896—1940），二十世纪美国最杰出作家之一，小说家。1925年出版的《了不起的盖茨比》是菲茨杰拉德作品的新境界，使他成为美国文学史上最伟大的作家之一。这部作品被称为"美国小说从亨利·詹姆斯以来迈出的第一步"，马尔科姆·考利把它列为美国最优秀的十二部小说之一。

[3] 约翰·温斯顿·列侬（John Winston Lennon，1940—1980），出生于英国利物浦，英国摇滚乐队"披头士"成员，摇滚音乐家，诗人，社会活动家。

[4] 玛雅·安吉罗(Maya Angelou, 1928—2014)，美国黑人作家、诗人、剧作家、编辑、演员、导演和教师。她广泛涉足于戏剧、电影、音乐等领域，同时还是一位活跃的人权作家，一位非凡的女性。安吉罗是当代美国黑人女诗人中的杰出代表，她的诗歌创作从20世纪70年代延续到现在，迄今为止已经出版了十几部诗集，并获得了多项大奖。她是好莱坞第一位非裔女编剧，曾在卡特和福特两任总统政府内任职。

[5] 维恩·戴尔（Wayne Dyer，1940—），美国深受欢迎的心理自助导师、畅销书作家与演讲大师。1976年写作的《你的误区》一书至今销量高达3000万册，被誉为"一本将人本主义思想带给大众之作"。后担任纽约圣约翰大学教授。

[6] 查理·卓别林（Charlie Chaplin，1889—1977），生于英国伦敦，英国影视演员、导演、编剧。代表作品有《淘金记》、《摩登时代》、《大独裁者》。

[7] 特蕾莎圣女（Blessed Teresa of Calcutta，1910—1997），又称作德兰修女、特里莎修女、泰瑞莎修女，是世界著名的天主教慈善工作者，主要为印度加尔各答的穷人服务。因其一生致力于消除贫困，于1979年获颁诺贝尔和平奖。

[8] 罗伯特·富尔格姆（Robert Fulghum，1937—），曾从事过IBM公司推销员、

职业画家、民歌歌手、酒吧侍者、绘画教师等多种职业。现在是美国作家和自称的"业余哲学家",著有畅销书《那些人生中最重要的道理我在幼儿园里都学过》(*All I Really Need to Know I Learned in Kindergarten*)。

第 7 章

当你大为生气时，寻找温情

第 24 天：回忆在你没有吼叫的期间发生了什么

第 25 天：记住，孩子也是人

第 26 天：看到孩子身上的优点

第 27 天：回到基础

第 28 天：问问自己谁是始作俑者

在你生气时讲话，那你将会为自己的精彩发言后悔一生。

——安布罗斯·贝尔士[1]

仔细观察"橙色犀牛"（Orange Rhino）这几个词，你看到了其中隐含的词语吗？这里给你提供点线索：在我刚给自己起绰号的时候，我也没有看出来，这可真让人笑话。因为，在我吼叫之前，我的主要感受之一就是这个词。怎么样？现在看出来了吗？愤怒的犀牛(orANGERhino)。是的，我的绰号里就隐藏着愤怒。当然，这不是事实。因为，我在接受橙色犀牛挑战的过程中，做得最多的就是寻找引起愤怒的各种诱因和个人因素。另外一项就是在我满腔怒火的时候，如何去寻找孩子的优点。在这一章里，我要和大家一起分享寻找优点的五种有效方法，这样我就不会在孩子们面前发表让自己后悔一生的精彩言论。

在开始阅读之前，我给大家一个缩略词，ＡＮＧＥＲ，可以帮助大家记住什么时候开始寻找孩子的优点才最合适。希望对大家有帮助。

A 代表恼怒。

N 代表负面想法。

G 代表生气。

E 代表大怒。

R 代表因暴怒而吼叫，结果却后悔不已。

我把上述几项作为衡量我态度的尺度。如果我恼怒了，而且还不改变自己的态度，那我现在就是在 N 级，出现了各种负面想法。如果我不控制自己的态度，那我就会生气。我知道，如果我到了 G 级，此刻我需要立刻开始寻找优点，否则，我就会快速步入 R 级，那时可就悔之晚矣。

第 24 天
回忆在你没有吼叫的期间发生了什么：
"妈妈，我去了天堂，你还会爱我吗？"

我接受橙色犀牛挑战学习如何不吼不叫的 107 天后，我经历了今生最令人惊讶的一刻。我把它写在了我的博客里。

正如我以前写的那样，我爱我的孩子，可是到了晚上该睡觉的时候，我也快累倒了。我给每个孩子盖好被子、亲亲他们的小脸、拥抱一下，然后就关上门，到楼下客厅休息。晚7:15，如果这时我听到了蹑手蹑脚的声音，那我可要生气了。不幸（或者幸运）的是，自从接受橙色犀牛挑战后，我不像以前那样又吼又叫了。今晚，也是一样。我依然信守诺言。

我在沙发上坐下，端起一杯红酒，心里想，"哦，真不错，真静啊"。可这样的好时光还没有持续十秒钟，我就听到楼上有脚步声正朝着客厅走来。我立刻就知道了这人是谁。詹姆斯，亲亲、甜甜的詹姆斯。他总是喜欢溜出来，想要说服我再给他一块饼干，一口冰水，或者可能的话，让他在我丈夫的 iPad 上玩五分钟《愤怒的小鸟》才能安心入睡。

我轻轻地放下酒杯，我动作很轻柔，因为，我想做的其实是把酒杯摔到壁炉里。我感觉自己真的很恼怒。这一周可真长啊。我这个妈妈已经快垮了。每天要给孩子们洗澡，生日、学校里的聚会，看医生，意料之外的对两个孩子的语言分析，我真的需要放松一下。我可没什么心情去玩饼干、冰水、iPad、撒尿、或者再看一本书的把戏。我的耐心消耗完了，我的同情心也消耗完了。唯一还没耗完的就是手里的葡萄酒，很明显，这些酒一时半会还喝不完。我尽力控制住自己，朝着楼梯走去。

詹姆斯知道我来了。我肯定，他听到了我在楼梯上跺脚的声音。刚才听到的朝向楼下的蹑手蹑脚脚步声立刻变成了向房间方向的飞快奔跑声。随着关门时的砰然声响，他那些不想被抓现行的努力昭然若揭。之前，我已经生气了，可此刻我真的更生气，因为我敢肯定这么大的关门声肯定会惊醒他的兄弟们。我抓住门把手，几乎是带着点攻击的味道进了他的房间。我想要大喊："回到床上去！就是现在！"

但是我还没有开口，我就看到了他脸上的神色。那神色似乎在说，"妈妈，不要冲我吼叫。有问题了，所以我睡不着"。

我走到他的床边，焦躁地深吸了一口气。呼吸声大得都可以吵醒孩子们。我依然怒火中烧。但是儿子的声音平息了我吼叫的欲望。

就在我准备给他上睡前一课时，詹姆斯怯怯地、发抖地、担心地开始问道，"妈妈，如果我去了天堂，你还会爱我吗？"（哦，天啊，我真没有想过这点）。

"是的，当然是的，我会永远爱你，永远，永远。"

第7章 当你大为生气时，寻找温情

"因为你有宽阔的胸怀,是吗?妈妈。"

"是的,还因为我非常、非常地爱你。我会永远地爱你。"

"好。我爱你,妈妈。"

"我也爱你。"

然后他翻过身去,闭上了眼睛,安心入睡。只有听到了"我爱你"他才能安心入睡。

我给他掖好被子,又一次亲了亲他,然后抱一抱他,我真想永远地抱着他,我真希望时间能够停止。这样我就能够永远地抱着他,他就能够感觉到我对他的深爱,心情通畅。一想到他在天堂里的情形,我的心就碎了。一想到这个年幼的孩子还在担心,到那时妈妈是否还会爱他,我就肝肠寸断。

我哭着离开了房间。我哭了,那是因为孩子的天真无邪。我哭了,那是因为,我担心这样的事情也许有一天会一语成谶。我哭了,是因为我深深地爱着他。我哭了,还因为,我很高兴今天我没有冲他吼叫,而是跟他交谈。

詹姆斯需要的就是我能倾听他的问话,能再一次听到我说,"我爱你"。我无法想象,如果今晚,我像往常那样,一进门就大吼大叫,那今晚将会是什么结果。等等,我能想象出来。詹姆斯会放声痛哭,我可能得花三十分钟才能让他平静下来。等他睡觉的时候,他还会担心,我是否会永远爱他。可这一切都没有发生,我们一起分享了最温馨的一刻。

所以,不吼不叫的确物有所值,因为我没有吼叫,我才能和儿子一起分享这宝贵的一刻。我想,我永远都不会忘记它。永远不会。

我不可能忘掉这件事,不仅仅是因为它的美,还因为它对我的生活产生了深远的影响。那天晚上,在孩子房间里哭过之后,我又一次坐到沙发上,放声大哭。在那个时刻,我意识到,因为我只顾着大吼大叫,我不知道自己错过了多少次那样美好的非凡时刻。

> 在那个时刻,我意识到,因为我只顾着大吼大叫,我不知道自己错过了多少次那样美好的非凡时刻。

曾经有多少次，我的孩子们只是想再一次听到"我爱你"而不是我冲着他们吼叫"安静点"。曾经有多少次，孩子们只是对生活有自己的担心，需要在我这里寻求安全感，可我只是冲着他们吼叫，"够了，我需要休息"。曾经有多少次，孩子们只是需要我能使他们安心，能分享他们的成就，能增加他们的信心，可他们失望了，他们只看到一个像灰色犀牛一样的母亲，没有关心、没有耐心、没有温暖。不需要再数了。我知道，答案肯定比我能数出来的要多得多。

在那一刻，这种认识让我特别、特别地伤心。但是自那以后，它就让我特别、特别地快乐。每当我感觉生气、沮丧或者困惑的时候，我就会回想这件事，强迫自己去发现孩子们的温馨之处。**我强迫自己牢记，不吼不叫，好事就会发生**。但是如果我大吼大叫，好事就绝对不会出现。自从我不吼不叫后，我已经记不清有多少次，孩子们会出乎意料地说，"妈妈，我只想说，我爱你"。事实上，若是在以前，我多半都会冲着孩子们吼叫。

在第107天，正如我在博客中写的那样，"不吼不叫很难，有时候特别、特别的难。但是它物有所值"。的确如此。

第24天：启示，行动与小建议

橙色犀牛启示

- 不要认定你的孩子们存心捣乱，他们也许是这样，但也有可能不是。
- 虽然我的孩子们还小，但是他们仍然会有成熟和深刻的想法。如果我能倾听他们的想法，不吼不叫，而不是先入为主，那我们经常会悄然进步。
- 不吼不叫使我的生活更加丰富多彩，因为如今我跟孩子们经常会有一些贴心的交谈。若是在以往，我是不愿意跟孩子这样交谈的。

今日行动

- 想一想，在接受橙色犀牛挑战的过程中，你是否有想要吼叫，但是却没有吼叫的情形。把它写在下面的空白处，特别注意当时你的感觉有多么好。经常把这个事情说给自己听，直到它在你的脑子里根深蒂固，一到想要吼叫的时候就会想起它。

_____
_____
_____
_____
_____
_____

- 问你孩子两个问题，记住第二个问题的回答。在你想要吼叫的时候，就想一想这个回答。
  - ▶ 当我吼你的时候，你有什么感受？
  - ▶ 当我不吼你的时候，你有什么感受？
- 当你在吼叫之前，成功地控制住了自己情绪的时候，做点庆祝性的动作。要认真。要让自己感觉到自豪，让自己明白，如果你不吼不叫，还会有很多其他好处。

只有有勇气离开海岸，人类才能发现新的海洋。

——安德烈·纪德[2]

今日小建议

冷静	跟孩子们分享一下自己小时候的高兴事。让孩子们明白，我也曾经是个孩子，这可以增进与孩子的联系，还可以调节情绪。
燥热	尽力去翻一个跟头。这件事总是让我哈哈大笑，因为我现在再也做不了这个动作了。
火爆	通过跺脚释放你吼叫的欲望。像灰犀牛一样跺脚，但是心里要记着，你现在正在转变为一只橙色犀牛。

第25天
记住，孩子也是人：
如果我是个孩子……

"妈妈，你什么时候上床睡觉？"我缩在爱德华的身边陪着他时，爱德华用甜甜的声音问道。通过他脸上的假笑，我就知道他为什么要问这个看似天真的问题。他其实是想要算一算，在我上楼揭穿他之前，他可以玩几个小时。

"为什么你要问我这个问题？"我也假笑着问他。

"嗯，我想让你早点睡觉，你知道，这样你就会冷静，不会像今天那样冲我们发脾气。"他用俏皮的语气回答，那些词语完全是我经常对他们说的话。

"真的吗？"我礼貌地说道，完全不买他的账。

"嗯，也是也不是吧，我认为你睡得太晚了，你告诉我就可以了，我想知道。"这一次，我纵容了他。为什么不呢？离关灯还有三分钟呢。

"我尽量在十点钟睡觉，如果一切顺利，那就在九点半。你告诉我，为什么你一定要知道这一点呢？"

"因为我认为你应该在七点钟睡觉，跟我一样。因为如果你这样做了，你就会成为一个像我一样的孩子。当孩子可真有意思。比当大人有意思多了。如果你是孩子，那乐趣可就太多了。"

无语。我彻底无语了。

但是我的大脑一直在运转。我不由得想到了，如果我是个孩子，就有太多可做的事情。如果我是个孩子，我就可以偷偷拿一杯花生酱，然后跑到客厅藏起来偷吃，我就不必非吃那恶心的剩饭。

如果我是个孩子，在我的娃娃或者毯毯丢失的时候，在我把牛奶撒到我最喜欢的衣服上的时候，我就可以不停地哭啊哭。

如果我是个孩子，我就可以在父母面前告哥哥的状，因为看着他挨批我就高兴，这样我就成了家里的好孩子。

如果我是个孩子，在下雨天被困在屋子里的时候，就跟朋友们尽情地喊叫、蹦跳、玩捉迷藏。

如果我是个孩子，我就会问妈妈一千个问题，让他离不开我，这样我就能有更多的时间跟妈妈独处。我还可能会问妈妈，她什么时候上床睡觉。

如果我是个孩子，我不希望自己因为做了上述任何事情，而被大人大声训斥。

如果我是个孩子，我不希望自己仅仅因为犯了一个错误、因为还在学习、因为尝试新食物、因为忘了某些小事、因为想要玩闹，就被大声训斥，因为我知道挨训的感觉真的很不爽。

虽然我的父母在我小的时候，很少因为我做了上述之事或更严重的事情而冲着我吼叫，但是我知道，在我的周围，其他的一些父母就是这样做的。我讨厌这样的行为，我也知道，它会使我很自卑。即使我现在身为一个成人，我也曾因为上述之事而遭受过他人的吼叫，我知道那是多么令人羞愧、害怕和糟糕的经历。我知道，被人训斥和吼叫会让我感觉自己不够优秀，或者就像是个失败者。我知道，这样的吼叫只会持续几分钟，但是它产生的羞愧感会持续数周。我知道，某些人的吼叫会使我对他的恐惧持续更长时间。

每当我们家局面失控，乱成一团的时候，依靠吼叫来维持秩序的念头就会在我的脑子里蠢蠢欲动，可我硬是强迫自己想一想，自己被人训斥和吼叫的感受如何。我强迫自己设身处地为孩子想："如果我不喜欢被人吼叫的感受，那孩子怎么会喜欢我冲他们吼叫呢？"

每当我的孩子们做一些孩子事时，我都会强迫自己想一想，我自己也曾经是个孩子，这些让我想要大吼大叫的事情，我都曾经做过，甚至比这更糟的事情我也做过。我熬夜玩耍，我满墙乱画，我甚至还曾经在一面贴满绿色草地的壁纸墙上，硬是撕下了一大块的青草。

我未经许可就在父母亲刚收拾好的床上开始搭建城堡，我不仅不做作业，在爸爸告诉我 X 不是个数字，而是代数中的一个符号时，还把笔扔在了他的身上。是的，我也有意无意做过好些让父母发狂的事情，让他们只想冲我大吼大叫。

看到家里乱成一团，我想做的就是大喊一声，"住手！"，这时，我很难想起，我也曾和他们一样，也曾做过这样的混蛋事。但是当我真的仔细回忆了自己儿时的情形时，我理解了，孩子们在此刻会是什么样的感受。

> 我强迫自己设身处地为孩子想："如果我不喜欢被人吼叫的感受，那孩子们怎么会喜欢我冲他们吼叫呢？"

以己度人，我开始理解他们，这时，我感觉对他们做的那些自己也曾做过的事情不再那么生气和恼怒。自己心里不断涌起的怒火在悄然消退。

　　如果我是个孩子，那情况就会是这样的：我是个正在了解生活的孩子，在这个过程中，会有意无意地犯一些错误。但是我也是一个人，跟父母一样。一天结束后，不论孩子还是成人，大家都是人。我们都有高兴或者不高兴的日子。就像我，有些日子里，孩子们又乖又甜又听话，可另外一些日子里，他们就像是生气的刺猬。孩子们跟我一样，他们也有基本的情感，也希望被人友好相待。没人愿意被吼叫，不管是在高兴的日子还是不高兴的日子。因为这样的感觉一点都不好受。

第 25 天：启示，行动与小建议

橙色犀牛启示

- 设身处地为孩子们想一想，这会减少你吼叫的欲望
- 有时候，孩子就是孩子，会做一些孩子事，但是他们永远是人，永远希望被人友好相待。
- 孩子们也是人，也会有不高兴的日子，我改变不了这个事实，但是我可以在他们不开心的时候，关爱他们、支持他们，而不是因为他们也是人就冲着他们吼叫。

今日行动

- 记住，孩子也是人。
- 学会设身处地为孩子着想。把自己置于孩子所处的情形中，来理解他们的感受。尤其是：
  - 当孩子的行动显示出他们生气，或者明显是在恼怒的时候，请问问你自己："我自己也曾做过这样的事情吗？我为什么会这么做？我是有什么要求吗？我是在玩闹吗？我希望父母有什么样的回应？"尽力去理解孩子这样做的原因，这样你就会好好跟他们交流。（这样的做法还可以使你保持镇静，不吼不叫。）
  - 如果你无法理解孩子的举动（完全可能，有一半时候，我就理解不了我的孩子们），那就看下一步的行动。
- 回想一下你小的时候或者成年时被人吼叫的感受。利用这些痛苦的感受来激发你对孩子的温馨感。
- 了解孩子们对你吼叫的感受，请他们告诉你这样的感觉，或者让他们画一幅图画，这样你就会感同身受。要有心理准备，这可能会勾起你的眼泪。把卫生纸准备好。如果他们的回答刺痛了你，那就哭吧。让这些回答激励你去改变自己，而不是就此消沉。

<blockquote>
你希望别人怎么对你，就要怎么对别人。

——黄金法则
</blockquote>

麦克喜欢穿着爸爸的鞋子走路。他的哥哥们年龄都大了,早过了玩这种可爱游戏的年龄了。可后来,我穿上了他们的鞋子,并告诉他们我理解了他们此刻的感受。从那以后,他们也爱上了这个活动。

今日小建议

冷静	随缘做好事。当我感觉愤怒和沮丧,或者无助的时候,我就会做一些好事,因为我看到的微笑会使我冷静,给我以温暖。
燥热	开舞会。肾上腺素、玩乐、妈妈在舞会上尴尬又糟糕的舞技——这不是很有意思吗?
火爆	学狗叫,甚至说,"坐下,阿布,坐下"。这会让你叫出来,而不是张嘴咬人。有其他好处吗?你的孩子们也许会闻声而至,"说什么?",然后,你们就哄然大笑。

第 26 天

看到孩子身上的优点：
著名的塔斯马尼亚大嘴怪

你知道动画片《兔八哥》(*Looney Tunes*) 中的塔斯马尼亚大嘴怪吗？就是那个总是疯狂地跑来跑去、跑去跑来，最后又总是被龙卷风卷走的那个动物？就是那个看见什么就转动什么，看到什么就打碎什么的动物？就是那个总是吃、吃、吃，吃了还要吃的动物？

你知道吗？作为一个卡通人物，他退出舞台了，但是作为我的儿子爱德华，他又回到了生活中。是的，的确如此。爱德华行动如风，所过之处，鸡飞狗跳、樯倒楫摧，惹得众人泪如雨下。如果，他跑累了、喊累了、麻烦惹够了，那他就一定在餐桌旁吃东西。吃，还是吃。我刚才说过吗？吃。爱德华喜欢吃。喜欢细嚼慢咽地吃东西。虽然他在屋子里动作迅捷，但他吃起东西却慢慢吞吞。虽然我知道，这是个好事，对健康有益，但是我却几乎快因此而发狂。因为在我们五个人吃完准备收拾碗筷的时候，他才刚开始吃第二口，或者第三口，因为他喜欢对每一口都细嚼慢咽，仔细品味。是的，爱德华就是我们家的塔斯马尼亚大嘴怪。有时是甜蜜的兔八哥，但是有时就是塔斯马尼亚大嘴怪。

几年来，也许两三年吧，我费尽心力想着怎么养育这个孩子。因为，说实话，当塔斯马尼亚大嘴怪来的时候，我简直无法忍受——唉，这样的说法其实还是说好听了。他大吵大闹、四处破坏、东翻西找、存心挑逗其他孩子，让好不容易得来的平静毁于一旦，有意惹恼其他的孩子，目的就是火上浇油，让他们和他一起把家里搅得天翻地覆，而且对我的阻止根本不理不顾。

"求你了，爱德华，停下来吧。"我经常向他恳求，心里希望自己能做个暴风之眼，平静、理性、没有破坏力。但是他不听。

"求你了，爱德华，妈妈说了要停止。咱们到外面去玩。"我会进一步地恳求，结果却得不到任何回应，他只是眨巴眨巴眼睛，跑得更快，对兄弟们挑衅的味道更重了。

"爱德华，我说了要停止，现在就停止，否则……"威胁的话我不知对他说了多少，但是他听不到我说的话。龙卷风把他的听力、回复能力、终止能力全都卷走了。我有什么办法？还能做什么？

我吼啊、吼啊、吼啊，还是吼，"赶快停止，如果你这样做，没人喜欢你"。

是的，塔斯马尼亚大嘴怪随时会来，起因可能是无聊、缺乏睡眠、或者仅仅是想玩闹，这时，我也不再尽力充当暴风眼的角色，而是加入进去，开始破坏。说实话，我比他还具有破坏力，因为他的行为只会持续一时，我那伤人自尊的话语却远非这一时而已。

我是怎么知道的？因为爱德华慢慢地开始做一些自我评价，例如："我什么也做不了，我是个坏孩子，没人喜欢我。"因为爱德华的学前班老师注意到，他缺乏自信心，他认为自己做不了困难的任务。因为我是他妈妈，我就是知道，我能看出来。

但是我不知道，除了冲他发脾气和吼叫之外，我还能对他做什么。直到最后被训得掉下了眼泪，他才会停止。我感觉也就这样的手段还起点作用。

"好的，妈妈，我喜欢坐在楼梯上，这样我就能凉快凉快，还能看看远方"或者"妈妈，不管怎么样，等一会我就起床，然后，我就又能玩了"。

如果我说，"爱德华，你在家里到处乱跑的时候，把玩具给扔得找不到了"，他就会面无表情地镇静地说，"没事，妈妈，我运气好，我有好多玩具呢"。

是的，我用尽一切办法想要约束他的行为，好控制他这个龙卷风，不要四处乱闯，可他始终不为所动。我快疯了。

我的心情糟糕到了极点，我不断地批评他、唠叨他、告诉他，"冷静点"、"镇静"、"表现好点"。**我总是抱怨他的行为，从来也没有注意到别人对他的表扬。我满脑子里都是他的缺点，根本看不到他的其他表现。**

我越是注意他这个龙卷风的负面表现，我对他的感觉就越是消极，结果是我就越发积极地寻找他的缺点，因为我当时脑子里想的只有这些。是的，就是这样。有一段时间，我就是不去观察他那些期待被人发现、被人认可、被人接受的优点，我固执地认为他就是个问题儿童。

在以前的科学课上，我学到过，磁性的特点就是正负相吸。我真希望我的科学老师当时是这样说的，"但是在生活中，负只吸引负，负实际上还排斥正"。因为如果这样，那我也许还可以早一点看到爱德华的优点。因为如果这样，那我也许不会在错误的道路上走了太远，耽误了爱德华宝贵童年中这么长的时间。因为如果这样，也许我就不会对爱德华这么不公平，而是会多一些爱心、耐心和理解。

虽然我的科学老师没有教给我理解爱德华的方法，但是爱德华的学前班老师却做到了。在我接受橙色犀牛挑战后大约一个月的时候，我坐在她的办公室里，哭着说，"我真是不知道该怎么办。我知道，他在学校里很难交到朋友，因为他太淘气。我也在努力改变他，可是想让人不冲他吼叫真是太难了，我几乎都快绝望了"。

她递给我一张纸巾，说道："找到他的优点，表扬他，爱德华有颗非常善良的心，他热情、有爱心、体贴，而且故事讲得特别好。抓住他的优点。他希望成功。给他机会让他表现自己的优点。当他像龙卷风一样，表现不好的时候，跟他交谈，拥抱他，并想办法了解他这样做的原因。"我感到很尴尬，我在老师的面前痛哭，这表明我不像老师认为的那样，是个"坚强而有能力的母亲"，我下决心要改变自己。我对我那可爱的儿子经常像巫婆一样，而他却给了世界上最甜美、最真诚的拥抱。那天晚上，在做晚饭的时候，爱德华有点坐立不安，我知道，龙卷风又在酝酿之中了。我还知道，他爱吃。所以我决定让他帮我，给他个受表扬的机会。

"嗨，爱德华，想不想帮我做面饼？你知道吗？你的手艺很不错。"我有点紧张，又满心希望地问道。

"当然想了，妈妈。我最爱吃面饼了。"他眨眨眼说道，这次的眨眼可不同以往。不是恶作剧的那种眨眼，而是在说："哇，我现在真高兴啊。"或者，**说得确切点，并非不同以往，仍然和以前一样，还是我以前不想看到的那种总是忽闪的目光。**

这一周剩下的几天里，我继续采用这个方法，寻找机会发现并告诉他自己的优点，给他机会让他成功，并告诉他，我是多么为他自豪。嗯，结果只能用惊奇这个词来形容。惊——奇。是的。我连说两次是想表明，他的变化惊得我目瞪口呆。龙卷风彻底不见了。他更听话了。他不仅应我的要求来帮我做事情，而且还主动帮我的忙。他拥抱我的次数更多了。他的眼睛眨巴得也更多了，我再也不用使劲控制自己冲着他吼叫的欲望，因为，我想做的就是冲上去，抱起他，并且告诉他，我是多么爱他。

惊人的变化还不止这些，我也改变了。在寻找爱德华优点的过程中，我对生活有了更多的感悟。我不再把他那种随意的态度看作是种痛苦，相反，我把它看作是种提示，提示自己要多放松、多享受生活。我不再把他的细嚼慢咽看作是种烦恼，而是当作一种提示，提示自己放慢脚步、享受当下。我不再把他爱讲故事看作是累人的事情，而是把它当作一种提示，提示自己对生活要多些激情。我也不再把他热情的呼喊，"我热爱生活，所以我要不停地蹦跳。"看作是让人头痛的事情，而是把它当作一种提示，提示自己要像他一样用更多的热情和积极的态度去拥抱生活。寻找他的优点——我永远都要感谢老师帮我做出的这个决定。因为它不仅圆满地实现了预期目标，而且还给了我无尽的灵感。

自那周后，我就再也没有称他是塔斯马尼亚大嘴怪，因为虽然我这样说的目的是开玩笑，但是，它实际上是在寻找对方的缺点。相反，我开始叫他"温暖的兔八哥"，"我的小厨师"，或者"我的小助手"。因为他经常拥抱我，不仅帮我做饭，还陪我闲逛，帮我做其他事情。他以前处于龙卷风阶段的时候，也有这些优点，但是我没有看到。我希望自己不会再无视这些优点，因为是它们使我如此地爱他。

第 26 天：启示，行动与小建议

橙色犀牛启示
- 负面想法和负面言论会吸引和产生负面行为。
- 正面想法和正面言论吸引和产生正面行为和联系，并且会减少吼叫的欲望。

今日行动

- **要看孩子的优点**。练习使用三比一法则。孩子每改正一次，至少要说出孩子做的三件好事。
  - 最好是全天都在说，而不是只在刚改正的时候。但是，如果你像我一样，有时候，顺嘴就溜出了一句批评的话，那马上就说。如果你没有批评，那就表扬自己。
  - 在说孩子做的好事时，要具体点，这样才可以表明你不仅仅真心，而且的确在关注他，欣赏他。（例如，不要说，"爱德华，我喜欢你的画"，而要说，"爱德华，你这幅画里的各种颜色用得真好啊，我喜欢"。）我的孩子们喜欢对细节的评论。
- **看到自己的优点**。记住，相信自己能做到不吼不叫爱心多，这将有助于你感到温馨、舒适和坚强。问问自己，大家认同的三个优点是什么，不要在乎别人的批评。然后，为了高兴，问问自己的孩子他有哪三个优点。你也许会笑翻天。

> 你相信孩子什么，他们就可能会实现什么。
>
> ——伯德·约翰逊夫人[3]

今日小建议

冷静	做一些需要用手来挤压的食物。例如说，烘肉卷。把鸡胸肉剁碎，生菜撕成大块。有一天晚上，家里乱成一团糟，我就给孩子们做了这道菜。感觉好极了。慢慢做，好好享受一下释放压力的感觉。
燥热	举办一场老式的盯人大赛。盯着别人的眼睛不放会给自己带来紧张感，但是这可以转移你吼叫的欲望。参赛者中，有谁不愿意盯着你孩子的眼睛？还记着第一次见他时的情形吗？
火爆	跟孩子们一起转圈圈，最好是在户外。两臂展开，让吼叫的欲望在旋转中释放出来。在天旋地转中，和孩子一起倒在地上，然后再关注那些该做的事情。

如果你希望孩子长进，那就让他们在无意中听到你在别人面前说他们的好话。

——海姆·吉诺特[4]

第 27 天：
回到基础：
食物之战！

白软干奶酪。一看到这个词我就害怕。你曾经清理过这种奶酪吗？我曾经清理过。我曾经尽量小心翼翼地用手把它拢起来。我还曾想办法一点一点把它捡拾起来。可越收拾越脏，越捡越乱，结果粘得到处都是，最后乱到无法收拾。噢，我真受不了这种干奶酪。以前，我多少次冲着孩子吼叫，因为他们把奶酪想象成白雪，把它抛洒到地上或者桌子上。最后，我决定不让孩子们吃这种东西了。哼，为什么要用小问题来引起大问题呢？我一点也不想念这种食物。

我只希望其他那些经常出现的食物之战也能像它一样被轻松解决。这些战斗类型各异，晚饭时，四个孩子总是同时开始抱怨，有标准的"我不喜欢你做的东西"型，过程如下：

詹姆斯："我的玉米卷破了，我不吃。"

爱德华："我想要一个软玉米卷，不要硬的。"

安德鲁："我再也不吃玉米卷了。"

麦克则把玉米卷往地上一扔，然后开始到处乱扔肉和奶酪，嘴里还说着"不吃，不吃，不吃！"。

还有常见的"他的比我的多"型，过程如下：

詹姆斯："爱德华的百吉饼上黄油比我的多。"

爱德华："安德鲁的果汁比我多。"

安德鲁："麦克的百吉饼比我的大。"

麦克的一根手指插着爱德华的黄油，另一只手忙着偷詹姆斯的百吉饼，"还要，还要，还要"。

令人难忘的还有"情绪传染型食物之战"。过程如下：忽然间，就因为某个孩子不喜欢某种食物，大家就都不喜欢它了，尽管私下里，他们还是很喜欢它。

詹姆斯把盘子一推，"我再也不喜欢豆角了"。

爱德华受到了感染，于是也说，"我也不喜欢豆角了"。

安德鲁也一样，"是的，我也一样，不吃豆角"。

麦克的表现略有不同……唉，他直接把小碗里的豆角倒在了地上。

当然最后还有"情绪宣泄型食物之战",其中的意味是"一天结束,大家累死了,咱们冲着妈妈喊叫吧",在食物之战中,这是我最喜欢的一种类型。

詹姆斯:"妈妈,安德鲁摸我的腿,我不挨着他坐,让他住手,把他赶走!要不然,我就不吃饭。"

爱德华的头贴着桌子面,说:"我太累了,吃不动饭了,你喂我吃吧,妈妈。"

安德鲁边哭边说,"妈妈,妈妈,妈妈,詹姆斯伤害了我的感情,食物真可怜啊,我不想吃饭,我只想吃蛋糕、看电视,然后睡觉。求你了妈妈,求求你了。"

麦克先生呢?嗯,当上述事情发生时,他时而喊叫、抱怨,时而啜泣,因为他的兄弟们都在这样做,他们为什么不一起吵得妈妈精神错乱呢?是的,在我们家里,吃饭这段时间完全能把人逼疯。这一点都不令人惊讶。

刚开始吃饭没一秒钟,四个孩子已经凑到了一起,在他们这个年龄,这可是导致神经错乱的速效药。而且他们挨得还相当近。四个孩子都想跟我说话,都想立刻引起我的注意。

我说过吗?一到吃饭时间,我们家的孩子们就令人头痛。有没有不争不吵就能吃完饭的时候?有时候,每个宝贝孩子都互相给气饱了,整个餐厅看起来像是动物们刚刚争抢过食物的猎食场,一片狼藉。是的,绝对如此。**唯一的区别是食物没有投掷到我的头上,孩子们只是在哭喊、吼叫、抱怨,我真想也冲着他们哭喊和吼叫。**是的,有时候,我真的想拿起食物朝着他们劈头盖脸地扔过去。因为在此刻,这样的做法看起来的确是释放压力的好方式。

当食物之战持续发展的时候,我尽了最大努力才保持住冷静,没有发脾气吼叫。我提醒孩子们,谁吃饭时表现不好,就让他到厨房里独自去吃。谁扔的食物谁来捡,而且还不准吃甜点。

我还提醒他们,如果有谁明明喜欢某种食物,却说自己不喜欢,那他可以选择不吃,可要想吃,就要等到下顿饭。有时候,这些提醒一用就灵。可有时候,效果就不太明显。还有些时候,我的孩子们太累了,根本就听不进去,或者我自己太累了,根

> 如果我知道因为孩子们在吃饭时间表现出不可接受的行为,我要努力抵抗冲他们大吼大叫的冲动,我就会把橙色餐巾纸放在外面,作为提醒,提醒自己去寻找温和与耐心。

绿色的豌豆和黄色的炒蛋在空中穿梭吗？不要看红色，那样会生气，看橙色，你就会觉得有信心能够做到温和且充满爱心。

本就打不起精神去提醒他们。

　　在这一点上，我至今都非常感谢橙色餐巾纸。不仅仅因为它们能帮助孩子们清理那些并非"偶然掉落在地"因而"不能再吃"的蔬菜和其他食物。它们还让我的心思不用全花在食物之战上。

　　你知道还有什么其他好方法对我的孩子们有用吗？把做好的食物收拾起来，大家一起吃冰激凌……或者橘子布丁。

　　我知道让孩子们一顿饭就吃这些东西，这样的方法不健康，但是我也知道，当大家都需要有开心一刻的时候，和孩子们一起共享冰激凌可以使我们重新团结起来，这比互相吼叫、互相指责和打一场食物之战要健康多了。

第7章　当你大为生气时，寻找温情

第27天：启示，行动与小建议

橙色犀牛启示

- 对于某些麻烦问题，确实有简单的解决方式。这就是重复！
- 用橙色物品把自己包围起来，确实有助于我不吼不叫。任何这样的提醒都起作用。经常重复这样的事情。
- 有时候，降低标准是可以接受的做法。不妨放松一下自己做父母的标准（例如说，晚饭时吃冰激凌）。这样做的好处要远大于吼叫产生的负面影响。

今日小建议

- 重温第一章讨论的基本点。
- 买一些橙色餐巾纸供吃饭时使用，或者让孩子们制作一些橙色的装饰品放在桌子上。
- 重新看一遍你原来写的麻烦问题追踪笔记，看看是否还有类似的问题存在。为了获得新的理解、创造新的计划，你是否有必要重新记录？麻烦问题会随着生活的进展而变化。要实事求是，如果新的问题存在，那就想办法用简单的方法解决它们。如果解决不了，那就还是用以前的那套方法，把橙色纸条贴在你经常吼叫的地方，提示自己去发现孩子们的优点。
- 回忆我说的五个使自己冷静的方法，并想出自己的方法来。
  - ▶ 爱的四字诀
  - ▶ 寻找新视角
  - ▶ 在你想要喊叫的时候，放声大笑
  - ▶ 告诉自己吼叫不解决问题
  - ▶ 大声说出来，与人分享自己的感受

> 坚持最基本的，紧紧依靠家人和朋友，他们永远都不会落伍。
>
> ——尼奇·泰勒 [5]

今日小建议

冷静	全天都给孩子们吃橙色的食物和饮料（橙汁、黄桃、奶酪、胡萝卜）。我说，要用橙色物品把自己包围起来，这并不是开玩笑。
燥热	假装得了咽炎。沉默会产生奇迹。做跳跃运动，让你的身体产生活力。其他好处：跟孩子一起做，大家一起开怀大笑。
	双重收获：如果你的孩子和我的孩子们一样，仍然在谋算着怎么挑事、捣乱，那他就会受到大家的批评，不过请记住，他还是个成长中的孩子。
火爆	摔一个锅或者盘子。这声音肯定很响，会引起孩子们的注意，而且还减缓压力，说不定，孩子们可能会就此举办个军乐队晚会。

第 28 天
问问自己谁是始作俑者：
"完美"全家福

我不喜欢火鸡，也不喜欢小红莓果酱，还有那些感恩节上人们常吃的各种食物：面包、黄油、土豆泥和更多的黄油！但是我喜欢感恩节。我喜欢点燃熊熊大火，然后蜷缩在旁边和孩子们一起观看梅西商城的感恩节游行。我喜欢花车上传出来的各种呼喊声，喜欢在这时对孩子们讲述我小时候迫不及待想看游行的故事。我喜欢坐在大火堆旁吃饭、喝红莓果汁和彩色的冰冻果子露。噢，感恩节时，好玩的事情真多啊。

可是，我恨 2010 年的感恩节，因为是我自己毁了它。

是我的大吼大叫毁了它。因为一张照片。真的吗？真的。游行刚一结束，我认为拍一张感恩节照片的时刻到了，孩子们肯定会说，"妈妈又要跳上跳下，像个小丑一样要我们微笑"。当时詹姆斯、爱德华和安德鲁分别是四岁、三岁和一岁，几个孩子刚刚在大火堆旁安安静静地坐了一个小时，现在正想着要跑出去玩耍。现在想要让他们再安静地坐一会、互相配合、微笑、双手下垂，这可真不是个合适的时机。就当时的情况，和孩子们的年龄而言，我也知道我此刻的做法有点强人所难，可我还是这样做了。

不出所料，孩子们知道我的照相水平，一听说要拍照，几个孩子就发起了牢骚。我拿出大量的贿赂，连拖带拽地把他们领进了客厅。安德鲁跳上了沙发，一头撞进枕头堆里，他歇斯底里般地笑着。詹姆斯和爱德华也有样学样，三个孩子开始大笑着互相踢打，又像以往一样乐翻了天。时机恰好，我大喊道，"嗨，看着我"。他们没有意识到，我已经把他们拍下来了。这张照片到现在仍然是我最喜爱的一张。欢乐、关爱、乐趣、微笑。看着这幅场景，我的心都化了。

那么你认为我该就此停止了吧，是吗？不需要再拍了，是吗？错了。我想要拍出最好的照片。要完美无缺。我想看看，自己是否可以做得更好，即使我感觉自己刚刚已经创造了奇迹。我太贪婪了，我说，"咱们再拍一张，好吗？"他们勉为其难地配合了几分钟，但是他们很快明白，我还会不断地要求他们安静地坐着，面露微笑。于是他们厌烦了。他们已经规规矩矩，和我配合了这么长时间，他们坐够了。他们的耐心已经到达了极限，于是开始扭动、抱怨、互相掐对方，并且拒绝配合我。所以，我开始大吼大叫。不停地吼叫，因为我特别想要一张完美的照片，我认为吼叫能使得他们老实下来。

"坐着别动！"我叫嚣道。

"再拍一张！乖一点！"我不耐烦地说道。

"为什么你们就不能为我做点事呢？！"我大吼道。

我那著名的或者最无耻的2010感恩节言论："今天是感恩节，能拍一张好照片，我会非常高兴，求你们了，笑一笑。"我吼叫着说。我越吼叫，他们就哭得越厉害。他们哭得越厉害，拍出来的照片就越糟糕，所以，我就吼叫得越多。最后，我放弃了，气喘吁吁地用羞愧的语气说道，"行了，我拍完了，我要的就是一张照片。没拍成，也要感谢你们"。一听这话，詹姆斯、爱德华、和安德鲁立刻就蹿出了客厅，向爸爸和奶奶哭诉去了。詹姆斯喊道，"妈妈太卑鄙了"。爱德华抽泣着说，"我不喜欢她"。安德鲁只是不停地哭啊哭，很明显被我的吼叫声给吓坏了。

我回到洗手间，也哭了起来，不停地哭，感觉和我的孩子们的感受一样。这一天，我一直都闷闷不乐，我感觉羞愧，因为我冲着年幼的孩子们大吼大叫，仅仅因为他们做得和大多数孩子相同。还因为我把自己对完美的追求强加给了他们。这一天，我不敢面对其他的人。我感觉很伤心，自己对完美的追求竟然使自己发起了脾气。我的这些羞愧和内疚使我没有过好这个感恩节。在感恩节里，我经常会感受到浓浓的爱意，可是这一年，我感受不到，因为我如此凶狠地对着孩子们大吼大叫，此刻我的心里都是对自己的痛恨。

> 我冲他们吼叫，不是因为他们，不是因为他们没能比同龄孩子安安静静地坐更长时间，而是因为我，因为我内心的不安全感。

令人伤心的是，那并不是我唯一一次为了拍照片时冲着孩子吼叫而痛恨自己。这样的事情以前也曾经发生过好几次。虽然我坐在这里说，那是因为我是个完美主义者，不论做什么事情都力争完美，但是那只是个接口。实际原因比这更深。

是的，我希望拍出完美的照片，希望孩子们都看着镜头，面带微笑，而不是用手指挖着鼻孔。但是这不仅仅是因为我是个完美主义者，还因为，我没有安全感。我经常会寻找安慰、自信和安全感，想证明自己的生活幸福舒适，想证明自己养育出的孩子幸福快乐。每当我有这样的感觉时，我发现这些照片会消除我的不安全感，它们证明，我做得很好。如果我感觉沮丧、失落，对养育孩子的事情感觉不堪重负，那我就可以看着这些完美的照片，那些忽闪的眼睛提示我，我的孩子们都幸福快乐，我的辛苦和努力没有白费。

如果我伤心，感慨生活过得太快了，孩子们成长得太快，自己错过了什么精彩之处，那这些完美的照片就可以提示我：没有，我没有错过任何精彩之处，一切都记录在这里。如果这段时间的生活让我感觉紧张，那看着这些在家人玩闹、度假、休闲时拍摄的照片就会消除我的负面情绪，让自己变得积极乐观、感激、快乐、不再紧张。

> 我可以高兴地说，现在我比之前更能够享受我生活中的那些特殊时刻，因为我那追求完美的心态和想要冲孩子吼叫的本能并没有影响到它们。

在这个世界上，照片可以带给我安慰和安全感，他们是我的依靠，我也不知道这是对还是错。这就是我强迫孩子们，想要拍出完美照片的真正原因。在拍照片的时候，我控制不住自己想要吼叫的欲望，因为我要拍摄最美的照片。我担心，如果我不能拍下这些照片，那在我需要的时候，就无法看到它们。我冲他们吼叫，不是因为他们，不是因为他们没能比同龄孩子安安静静地坐更长时间，而是因为我，因为我内心的不安全感。

橙色犀牛挑战，还有我挖掘出来的所有触发吼叫的诱因，帮助我看到了这一点——我吼叫的真正原因。如今在拍照的时候，我学会了放松，变得冷静了。拍照的时候，如果我发现自己有想要吼叫的欲望，我就会对自己说：

"嗨，放松点，你会达到目的的，不要强迫，这样只会让孩子哭喊，自己也不高兴，拍不出好照片，那自己会更不高兴。不！记住，让人扫兴的不是他们，而是你。他们的表现很好，是你给他们造成了紧张，冷静点，再冷静点，你的目的不是一张完美的照片，而是要享受这美好时刻。不要让你的吼叫毁掉这一切。"

我可以高兴地说，现在我比之前更能够享受我生活中的那些特殊时刻，因为我那追求完美的心态和想要冲孩子吼叫的本能并没有影响到它们。有时候，我会放松自己对完美的追求吗？是的，我现在不再追求完美了。但是我会跳上跳下，像个小丑一样，做出各种疯狂举动，让自己微笑，让自己对自己的进步心满意足。在橙色犀牛挑战中，我学到了很多，其中一点就是：**关键不是要寻求完美，而是要谋求进步。**我现在进步了，这比完美更加重要。

第 28 天：启示，行动与小建议

橙色犀牛启示

- 自己心情好，孩子心情就会好。如果我紧张，孩子就会感觉到，也会紧张。孩子紧张了，我就更紧张，最终就会吼叫。
- 关键不是要寻求完美，而是要谋求进步。完美的要求太高了。（这不仅仅指拍照，在养育孩子和怎么才能不吼不叫这些事情上，也是一样。）

今日行动

- 回想我最喜欢的话，"不是因为你，而是因为我"。如果导致你吼叫的情况还没有改善，那就强迫自己深挖原因，不要只看表面的原因，要找到导致你紧张的真正根源。制定一个计划解决这个根源。
- 思索自己的个人目标。它给你带来的是激励还是紧张？它是在逼着你去追寻完美，使你烦躁、使你吼叫吗？如果你认为调整目标会让你进步更大，那就反思一下，重新读一下第十五天的记录。不要觉着这是失败，调整目标也是为了更好地进展。
- 写下你在这个过程中的三个成就。经常回顾这些成就，对自己的进步表示祝贺，即使你并没有感受到这些进步。

_____

_____

_____

_____

_____

_____

- 庆祝自己的进步，要郑重其事地！把那些给过你支持的人都请过来，告诉他们你的成就。告诉你的孩子们。告诉你的朋友们。站到屋顶上大声喊出来。好好庆祝——这会带给你更多的活力，使你自信增加，从而带给你更大的成功。（我曾经担心，庆祝会使自己骄傲，所以我从不这样做。这其实是一种自我伤害，为自己的成就而自豪是完全正常的事情，勇敢地做吧！）

如果我们像放大失望一样放大我们的成功，我们就都会更加幸福。

——亚伯拉罕·林肯

今日小建议

冷静	穿戴更多橙色的服饰！项链、衣服、手镯、发带、袜子，用橙色把自己包围起来。
燥热	停下所有的事情。拿出五分钟作为独处的时间，不让任何人打扰你。
	振作起来。鼓足精神，挺起胸膛，这可以让你吼叫的欲望烟消云散。
火爆	吹响你的犀牛喇叭！假装你的手就是一个喇叭，用力吹响它。堵住你的嘴，不让它吼叫。提醒自己，你应该吹喇叭，你应该庆祝自己的进步。对自己感觉良好，这可以使自己冷静下来。

译 注

[1] 安布罗斯·贝尔士（Ambrose Bierce），美国作家。参加过美国南北战争。之后在加利福尼亚和伦敦（1872—1875）当新闻记者。以短篇小说闻名。其小说以恐怖和死亡为题材，讽刺辛辣，语言精炼。1913年前往墨西哥，据传死于墨西哥内战中。主要作品有短篇小说集《在人生中间》（1891）、《这种事情可能吗？》（1893）和《魔鬼词典》（1906）等。

[2] 安德烈·纪德（André Gide，1869—1951），法国著名作家。保护同性恋权益代表。1947年诺贝尔文学奖得主。纪德的早期文学带有象征主义色彩。两次世界大战时期，逐渐发展成反帝国主义思想。主要作品有小说《田园交响曲》、《伪币制造者》，散文诗集《人间食粮》等。

[3] 伯德·约翰逊夫人（Lady Bird Johnson，1912—2007），美国前总统林登·约翰逊的妻子。由于一生致力于环境保护，约翰逊一生获得许多殊荣，包括：国家最高公民奖，自由勋章获得者，保护本土植物终身成就奖等。以她名字命名的有"Lady Bird Johnson保护奖"、"Lady Bird Johnson野花中心"等。

[4] 海姆·吉诺特（Haim Ginott，1922—1973），临床心理学家、儿童治疗专家以及家长教育专家，他所著的书——《对待孩子的集体精神疗法》、《孩子，把你的手给我》、《父母和青少年之间》、《老师和孩子》——彻底改变了父母、老师与孩子之间的关系。这些书畅销多年，被翻译成31种语言。

[5] 尼奇·泰勒（Niki Taylor），1975年生于佛罗里达州的劳德代尔堡，目前已经有两个双胞胎儿子。她从14岁开始就做模特，是90年代美国最红的超级模特之一。

第 8 章

当你想放弃时,坚定信念

第 29 天:知道你是可以做到的

第 30 天:记住真正重要的

> 如果你犯了错误,即使是严重的错误,也总会有改正的机会。你可以在你选择的任何时候重新开始,因为我们称之为失败的东西,不是跌倒,只不过是一次暂停。
>
> ——玛丽·碧克馥[1]

在我人生中的大部分时光,一旦出现困难,我就会直接放弃。我并没有设法更加努力,而是制造借口,一走了之,因为这样更容易,因为这样就不会导致我自己犯错或失败。回首过去,很多时候我确实成功地避开了错误和失败。但不幸的是,我也成功地创下了很多件让我抱憾终身的往事,因为放弃,我从没有给过自己成功的机会。更为不幸的是,我甚至成功地训练自己把放弃当成了一个自然而然、根深蒂固、遇事首选的反应。

情况严重到如此地步,以至于现在作为一个成年人,每次遇到困难时,无论是解决家庭财务问题还是努力减肥,或者学习管理每个孩子的挑战、处理婚姻问题,甚至是试图在极具挑战性的时刻不吼不叫,我的第一反应通常都是:"管它呢,我放弃!这太难了,太艰巨了。我做不成的。我不做了!"问题是——或者说幸运的是,如果你喜欢这样说的话——所有那些所谓的我想放弃的成年人的问题,我不仅放弃不了,而且我也不是真的想放弃;我只是想让它们变得容易一点,最好是已经迎刃而解!

啊,在进行橙色犀牛挑战的时候我曾经多少次想到过这个!在一开始的时候,我吼叫完,感觉自己是个彻头彻尾的失败者,然后就会想放弃,因为我不相信自己可以成功。或者在我沉着应对了某个孩子大发脾气之后,我就会感到精疲力竭,然后想要放弃,因为这个差事真的太难了。又或者我发现自己除了孩子以外的生活依然压力重重,我已经没有耐心、没有欲望去坚持不懈,我也会想放弃,因为我不想再为了另一件事牵肠挂肚。但是如你们所知,我并没有放弃。

因为我再也不想做一个半途而废的人。因为我不想再放弃自己、放弃对我来说如此重要的事情。因为我不想放弃我的孩子们,也不想放弃对于他们来说极其重要的事情。因为我不想在我人生的后悔清单中再加一笔。

教育自己在困难时期寻找决心不断尝试,这需要耗费极大的努力和毅力,因为我要真正"抛掉"多年来"放弃吧,这样保险"的自我对话。不过,我对自己的努力一刻都没后悔过,因为虽然有时坚持不懈、找到继续下去的勇气很难,但知道自己克服了生活中一个巨大的障碍还是同样——不,应该是更加——值得。事实上应该是生活的两大障碍:做一个半途而废的人,和做一个大吼大叫的人。本章就介绍了这两个简单的道理,在我跌倒后,索性倒地不起时帮助我重新振作起来的道理。

第 29 天

知道你是可以做到的：
如何控制住吼叫

正式结束了为期 365 天的橙色犀牛挑战之后的那个夏天，我决定我和我的孩子们都需要稍作休息。那可真是漫长的几个月，若是能呼吸到一些新鲜空气，远离无线网络相互沟通交流，并且在我拥有古老而宝贵回忆的地方创造一些新的记忆，我们都将会从中受益。所以我把孩子们都塞到小货车里，打算长途开车去新罕布什尔州。

鉴于我为人父母七年学到的经验，并且作为橙色犀牛，我知道如果我在一开始对这段旅程抱着合理期望的话，这将是我做到不吼不叫、不发脾气的最好机会。所以，我想当然地认为没有人会睡觉，而且我们每个小时就要停一次让大家上厕所。我是说，对任何其他事情的设想都只是自找丧气、自寻烦恼，不是吗？所以我已经给自己做好了心理准备，这必定是一次叽叽喳喳、走走停停的长途旅行。但是，这并不意味着我没有试图营造一场和平、快速之旅！是的，每次上路前我都让每个人尽量去两次厕所，而且我把我们午休后启程的时间安排在 3 点到 4 点之间。

好吧，你肯定想不到。开车还不到十五分钟，不止一个、两个、三个，我的四个孩子全部都睡着了！你同样想不到的是，一个半小时以后，他们依然全在睡着！这样很好，不是吗？甚至可以说不可思议。也是，也不是吧。

说不是，是因为我之前喝了一杯咖啡来保持清醒，而我自己却忘了要去两次厕所！是的，这个妈妈非常非常想去厕所，但我肯定，而且绝对不可能靠边停车，把四个睡着的孩子叫醒再去小便。不会，这种事情肯定不会发生。我甚至都没有考虑过这个想法！你不可能付钱给我让我靠边停车，结束这段北上的安静、平和、舒适之旅。当然，我特别想上厕所，甚至我都胃痉挛了，但是我那样做的弊处要远远小于利处，起码我的孩子们不会对着彼此吼叫，不会一遍又一遍地问我"到了没有"？也不会抱怨他们没有事情做。靠边停车是行不通的。然后再说一句，尿裤子也不是一个吸引人的选择。

所以，我做了我认为大多数家长在上述情况下都会做的：孩子们在睡觉，而我来回扭动。

我尽可能夹紧自己的双腿。

我眺望窗外来分散注意力。

我努力想一些除了小便以外的其他事情。

我一遍又一遍地告诉自己:"我可以做到的,只不过时间再久一点,我能行的。如果我能控制自己的吼叫,那我也能控制自己的小便!"

于是,然后,就出现了一个橙色犀牛时刻,我大声地嘲笑自己的糗事,以至于我必须更用力地夹紧双腿,因为经历了四次自然分娩以后,你懂的,有时就会不由自主地小便。

你看,在那一刻我突然领悟到学习控制小便跟学习控制吼叫其实是非常相似的。

这两者都需要**留心你爆发前的征兆**,然后相应地采取行动,避免上述的爆发。

这两者都需要**集中精神**,靠意志取胜。

这两者都需要**付诸实践**、反复练习,这样你才能越走越长远,也需要在意外发生时做到原谅自己。

这两者都需要**分散注意力**,这样你才不会想起上述行为所引发的强烈欲望。

这两者都需要积极乐观地去思考,一遍遍告诉自己你是可以的。

这两者都需要**甘愿**做到上述所有要求,无论多苦多难,因为备选之法实在不是个理想的选择。

而且这两者都是有朝一日可以学到和实现的!

言归正传,抛开这段糗事,也别说我把不吼叫比作不尿裤子是有一点疯狂,就只想想这些相似之处。还是有点不可思议的,对吧?当我停下来并意识到这些相似点(顺便说一句,这个想法很好地分散了我的注意力,让我的大脑被一些别的事情占据,不再想那一路见涨的尿急的需求),我就忍不住地想:"哇,所有那些我认为是为了不吼叫才培养出来的技能,原来都不是我新发展出来的,其实我早就拥有这些技能,早在我儿时练习上厕所的时候就有了!我只是刚刚才把它们应用到了一个新的情景中。"

我之所以跟大家分享这个故事,冒着被看作一个十足大傻瓜的风险,把学习不吼不叫这么困难和私人的事情比作不尿裤子这么无关紧要的事情,我就是想表达一个意思:你已经拥有了减少吼叫的一些技巧。你已经知道了如何努力从生理上控制你自己，因为你每天都这样做。

是的，吼叫的欲望其实更多的是激烈和沮丧；充斥着更多的是愤怒，而且大多是一种情绪的宣泄。我没有千方百计地试图减少它。我用荒谬又不乏轻松的方式对抗吼叫的沉重感，我猜我想说的是……你可以的。

> 你已经拥有了减少吼叫的一些技巧。你已经知道了如何努力从生理上控制你自己，因为你每天都这样做。

你可以做到减少吼叫。

你内心早已拥有了这些技能！当你感觉你在苦苦挣扎的时候，不妨想想这些你早已知晓的东西：

1. 多多留心你吼叫（就像小便）之前的个人征兆，这样当你下一次有同样感觉的时候，就知道该跑进卫生间对着马桶吼叫，而不是朝孩子们爆发了。

2. 将你所有的精力集中在同一个任务、同一个目标上——少吼叫一些。一次关注太多的目标会让你觉得压力过大。

3. 一遍遍反复练习不吼不叫，还有要学着在疏忽犯错时原谅自己。意外总会不时发生，相信我——自从我的第四个儿子出生以后，我已经发生过两次小便的意外了。但是，嘿，它确实发生了，但是我从中学到了我需要更加集中精力，不在膀胱满满时肆意大笑的经验！因此，如果意外真的发生了，而你也吼叫了，不妨原谅自己。让羞愧和难堪随风而去，总会出现另一个机会让你去练习，最终成功。

4. 为了让自己取得成功，在屋子四周摆上可以分散注意力的东西，准确地说，是提醒你不要吼叫的东西。如果你还没这么做的话，就在你经常吼叫的地方摆一些孩子的照片（这个好办法可以让你感受到爱，而非愤怒），再摆上橙色犀牛，让自己牢记要温暖、要镇静。

5. 积极乐观，相信自己。一遍遍反复告诉你自己："我很镇定，我不会吼叫。"

6. 选择不吼，因为你知道吼叫是没用的，这并不是个上上之选。在遇到挫折时选择咬牙坚持，哪怕坐卧不安、双手绞动。即使在你想要嘶吼咆哮的时候，也要选择拼尽全力去控制。

7. 告诉自己你正在学习减少吼叫，而这需要时间，就像练习上厕所一样，但它随时可能发生，而且必将发生！我并不是生来就知道尿急时该如何忍住，或者，呃，知晓别的事。不妨问问我的父母，或是在海滩上浪漫野餐的那对善良夫妇。在我两岁时，是不是曾全身赤裸着走到他们面前，蹲在他们的毯子上，并且给他们留下了礼物。比如，一个臭臭的礼物。继续说下去的话……说回正经的，学习如何不吼不叫确实需要时间，但还是可以做到的。

好吧，说真的，这个故事怪怪的。我只是告诉你们我曾在孩提时在毯子上大便，而且在三十多岁的时候还遭遇过小便事故。如果这个故事没有达成什么别的效果，我希望你能和我一起放声大笑，并且重新寻找到一种催人奋进的决心，因为你相信自己是可以做到的！

第 29 天：启示，行动与小建议

橙色犀牛启示

- "好，我做到了！"说这句话总会令我感觉很神奇！无论是又成功忍过了三十分钟没有小便，还是做到了三十分钟不吼不叫，我从来没有说过"额，我做到了！"，我从没有因为努力和尝试而后悔过。从来没有。
- 教导自己不要吼叫本身并不是一种新的体验——我曾经必须教会自己很多生活的技能，而且我成功地做到了（学会开车、通过学校的测试、学习保持沉默并且尊重上司，等等）。在此之前我已经做过许多艰难的事情，这次我一定能做到。
- 我对孩子们的爱是最伟大的激励因素之一。
- 我可以做到艰难之事。

今日行动

- 提醒自己你是可以做到的，你可以少些吼叫多些爱。如果有必要的话，就开动脑筋回想出所有生活中你曾做到的艰难的事情，记住成功再小也不嫌小。
- 接受这个尴尬的洗手间类比。我参加派对，或听音乐会，或看球赛时，我会中途去上洗手间，一整个晚上我都会中途出去上洗手间。但是如果我憋住，我就能几乎不去洗手间，较长时间地享受派对。我说得对吧？对于冲孩子吼叫来说也是一样的。如果我脾气爆发，突然发怒，接下来就越来越容易越来越容易突然发怒，因为就像闸门打开了一样，还有我会想："哎呀，我犯了一个错误，这一整天都不好了。"
- 关闭突然发怒和大吼大叫的闸门，你可以这样说："好吧。我突然发怒了/大吼大叫了。那个时刻过去了。这一天并没有被毁掉。现在新的时刻又开始了。"
- 原谅你自己，并投身于一项积极的活动，以此保持闸门一直处于关闭状态，这可以让你重新回到正确的轨道上来。花几分钟好好照顾你自己，或者和孩子一起玩。

> 无论你认为自己行还是不行，你都是对的。
>
> ——亨利·福特[2]

今日小建议

冷静	出去散散步,新鲜的空气会使你神清气爽。
燥热	微笑!据说,如果你假装自己有某种情感,那你就会感受到这种情感!所以,假装你感觉很高兴,你会发现自己的怒气在消退。 吃冷冻的葡萄,并再次假装孩子们都睡着了,还要假装那些葡萄是酒。好吧,这有点儿夸大其词。但我的确这么做过,而且把自己伸进冰箱里会让我快速摆脱糟糕的情绪。
火爆	数到十或者一百、一千,直到自己镇静下来。(注意:我不喜欢数数,但是我曾经试过,的确管用!)

第30天

记住真正重要的：
让天平向爱倾斜

520 天。

我连续 520 天没有冲着孩子吼叫。可这个势头在 2013 年的 7 月 12 日被终止了。那天，我大发雷霆，冲着孩子们又吼又叫。如果这是由于某些紧急情况，那还没什么，可不是，那完全是一种强烈的、令人血翻气涌的长时间吼叫，我的四个孩子大声哭喊着，也冲着我大声喊叫，可我这个母亲就是停不下自己的吼叫。最后结束的时候，我感觉内疚、失望、无比的伤心。那天的情况糟糕极了。

"妈妈，你的做法太苛刻了，你白接受挑战了！"詹姆斯大声说道。

"妈妈，妈妈"，麦克抽噎着说，到现在为止，他还从没有听到过我的吼叫。

"你为什么要……要冲我们吼叫，妈妈？我们没……没，什么也没做，是你要求我们上车的。"爱德华边抽噎，边说。

爱德华说得对。确实对。我的孩子们确实没做错任何事情。我只是心情不好。我的吼叫完全没有必要，完全是由于我自己的情绪，这样做的结果只能伤害别人。我由于自己的伤心、担心和愤怒而冲着他们吼叫。婚姻和生活的压力、养育孩子而导致的睡眠和锻炼的缺乏，一下子使我爆发了。结果，那天上午，我看任何事情都不顺眼。孩子们在用和平常一样高的声音在交谈？太吵了。孩子们向我要水喝？太事多了。

孩子们在大笑着打闹？太过分了，不该这样做。孩子们没有按照我的要求为游泳做好准备？在我咕咕哝哝地说出我的要求时，孩子们没有听见，这太过分了。

我感觉自己的怒火冒着泡往上翻滚，我的两手汗津津、心跳加速、说出的句子越来越短、语气越来越尖利，我明白自己马上就要大发雷霆，我得马上控制住自己。所以，我拿出我的橙色犀牛手段，想要尽力地控制住自己。我对自己说："嗨，橙色犀牛，你不是在生孩子们的气，你是在对你目前的状况不满。"我喝了一杯冷水，想要让自己的脑子降降温，让自己的呼吸节奏慢下来，我又对自己说，"你可以做到，你可以战胜这种局面，坚持，你不想冲着孩子们吼

第 8 章　当你想放弃时，坚定信念　　199

叫"。我对孩子们说,"孩子们,妈妈今天上午心情不好,我感觉有点不高兴,你们能不能不要乱跑,帮我为游泳的事情做好准备,这样我们就能早点出去玩了"。

这方法管用。

仅仅用了五分钟。

仅仅用了五分钟,我在一片狂乱之中发现了些许镇静,在一片怒火中发现了一些温暖,在想要吼叫的欲望中发现了坚定的决心。孩子们一个个拿上沐浴液、抓起毛巾、穿上鞋子,然后上了汽车。我回到房间里去拿我的背包,回来的时候,发现孩子们没有按我的要求系好安全带。

我发怒了,我用最大的声音吼叫道:"你们究竟在做什么?为什么没系安全带?你们怎么了?就不能听我的话吗?"

真的,就在写下这些文字的时候,我仍然感觉很荒唐、很羞愧。他们的表现很好,做了自己该做的事情,可我却仅仅由于他们没有做到我五个要求中的一个,就对着他们发起了脾气。有必要吗?对吗?不对。我的吼叫不是因为他们没有系上安全带。

我大吼大叫是由于自己内心的痛苦,还有呼之欲出的挫败感。

> 我大吼大叫,是因为,呃,是因为我是一个人,尽管有时候出于一片好心,也努力地改进,而且心中满满的都是爱,但错误还是会发生。吼叫也随之会发生。

我大吼大叫,是因为,呃,是因为我是一个人,尽管有时候出于一片好心,也努力地改进,而且心中满满的都是爱,但错误还是会发生。吼叫也随之会发生。一旦这样的事情出现,后悔晚矣,因为那些吼叫声无法收回,无法抹去。它们会让这美好的一天急转直下,黯淡无光。

当我最后停止吼叫的时候,我感觉自己身体僵硬,既担心又好奇,想要看看自己会怎么处理这件事情。我会不会跌倒在地,内心里满是对自己的悔恨、厌恶和失望?我会不会陷入恶性循环,满脑子都是不良情绪,在不知不觉中一次又一次地大吼大叫,结果让大家这一天都不快乐?我会不会让这一声吼叫毁掉一整天,让孩子们失去这玩乐的机会?这和我在以前的520天的做法可是相反啊。

在过去的520天里,我和其他的橙色犀牛们一起探讨过很多不吼不叫的方法和手段，但是我现在要再一次地告诫自己，我会利用这些手段吗？人无完人，做父母的不是要做到尽善尽美，而是要在任何时候都努力做到最好，我能接受这样的观点吗？我曾经多次向他人建议，要忘掉自己过去的错误，着眼以后。要知道，每一刻都是一个新的开始，都是一个新的机会，我们不要对之前发生的事情耿耿于怀，而要利用这新的一刻为孩子们创造出更多爱的回忆。我能做到这些吗？

我站在自己的小汽车前，任由脸上的泪水滚落，手心里汗液津津，砰砰急跳的心里满是痛苦，我知道，自己的做法给孩子们带来了怎样的负面影响，我也知道，这一天无法完美结束了，但是我要做的是，总体上，在这一天里，让爱的时刻超过不爱的时刻。我该怎么做呢？

我选择了原谅。

我选择了着眼以后。

我选择了从大局做起。

我选择了专注于在一天剩下的时间里创造更多充满爱意的时刻，这样一来我就可以让天平朝着爱而不是怨恨的方向倾斜。

不管你是否相信，一旦我决定了要着眼以后，我的内心立刻感觉到欣慰和感激。当然，我不是感激自己的大吼大叫，我是在感激自己在这些日子里的巨大变化，现在我已经可以从适当的角度看待事情，有勇气去重新开始，而不是让过去的事情缠绕着自己，以至于毁掉了我们这一天剩余的时间。对我来说，这种变化太大了，大到不可想象，我没有哭泣，而是不由得笑了。橙色犀牛挑战改变了我。以前那些让我失望的缺点现在即使没有完全消失，但是也变得越来越弱了。我的心中满满的都是对孩子、对家人和对我自己的爱。我不能不笑。

我一一抱起我的孩子们，向他们道歉，然后大家一起出发，决定要好好地玩闹一番，让这一天里少些愤怒的吼叫，多些浓浓的爱心。时不时地，我还是会想起那天早晨自己发怒的那一刻，心里会不由得泛起失望的感觉，我担心自己的那一声吼叫会把自己在过去的 520 天里所有努力都付之一炬，这样的想法在我的脑子里不断地出现。但是我开始回击了。

> 我选择了专注于在一天剩下的时间里创造更多充满爱意的时刻，这样一来我就可以让天平朝着爱而不是怨恨的方向倾斜。

我提醒自己，爱一定会战胜愤怒。

我提醒自己，一时的愤怒无法和 520 天的爱心相提并论。我提醒自己，从那天早晨起，我选择了用爱去替代愤怒，这就是胜利。我提醒自己，从此之后，会有越来越多的爱心时刻，这些时刻会不断叠加，终有一天，会让 2013 年 7 月 20 日那天的那一声愤怒的吼叫所产生的影响无影无踪。

我提醒自己，我选择了忘掉过去，着眼当下，这样做的目的就是要用我全心的、深切的、浓浓的爱去爱我这四个可爱的儿子：詹姆斯、爱德华、安德鲁和麦克。

我希望，当我的儿子们有一天回首童年往事的时候，他们可以说，"是的，我的父母爱我们，他们也会生气发怒，但是他们对我们的爱更多更浓。有这样的父母，我感觉很幸运"。这就是我作为母亲、作为一个橙色犀牛的最终目标：让爱更多。正是由于这一点，七月的那天早晨，我才没有屈从于自己的失败。我是一只橙色犀牛，我会少些吼叫多些爱，从一点一滴做起。

第30天：启示，行动与小建议

橙色犀牛启示
- 作父母不是要做到尽善尽美，而是要在任何时候都努力做到最好。
- 教导孩子就是在爱孩子。展示自己的不完美，展示自己的错误，展示自己从错误中吸取教训、继续前行的勇气就是在教授他们人生中难得的一课。
- 橙色犀牛不是要力求完美，而是要少吼叫，多爱心，从一点一滴做起。这样，在我们的生活中，爱心时刻的数量就会超过愤怒的时刻，这样，爱的天平就会朝着爱的方向倾斜。

今日行动
- 让天平向爱倾斜。不论你怎么做，至少要有一次爱的行动。尤其是当你感觉狂乱、忙碌和紧张的时候。
- 问你的孩子，"今天我怎样才能向你表达我的爱呢？"。有时候，爱我们的孩子，就是做我们认为应该做的事情，还有一些时候，是做他们希望我们做的事情（或者至少是这么回事的别的版本，因为我确定我儿子的回答肯定是一整天都让他吃糖）。

> 生活就是选择，但是要想选择好，你必须了解自己和你的处境，你想去哪里，以及你为什么想去那里。
>
> ——科菲·安南

今日小建议

冷静	戴上一只橙色手镯,提醒自己要记住自己的诺言。或者,按照安德鲁说的那样,在手指上系上一条橙色丝带。
爆热	戴上耳机听音乐。有时候,在给孩子们洗澡的时候,我会播放音乐,提醒自己,在每一个孩子出生之前,自己是多么激动(不是愤怒)。
火爆	问问你的孩子,此刻你的表情是什么样的。孩子们的话可能不中听,但是很可能有助于你振作起来。

译 注

[1] 玛丽·碧克馥（Mary Pickford，1892—1979），第二届奥斯卡最佳女演员，默片女演员，美国早期的电影明星，极盛时期曾是全世界最富有、名气最大的女人，也是"联艺"影业公司的创立成员之一。

[2] 亨利·福特（Henry Ford，1863—1947），美国汽车大王，汽车工程师与企业家，世界最大的汽车企业之一福特汽车公司的建立者。

第 9 章

超越 30 天

30 天之后的每一天

> 超越你的同伴算不得卓越,真正的卓越是超越以前的自己。
>
> ——欧内斯特·海明威

2013年2月6日，在这一天我正式完成了挑战，连续365天没有吼叫。我记得当时我心想："好吧，那么下一步该怎么办呢？"看到自己在520天里没有吼叫，你知道我决定要怎么办吗？我要继续，我不满足于这个目标，我要永远做一只橙色犀牛。

我还记得在2013年7月13日，在我又一次度过了一个没有吼叫的日子后，我想，"好吧，我又开始了新的一天。这是否意味着，我可以开始新的一年呢？甚至，我的目标可以定得比520天还更长更远？嗯，这可真有点难度、有点吓人啊"。下面这个故事和刚才引用的欧内斯特·海明威的那句话可能有助于你理解我的回答。我希望，在读完这本书之后，这两点仍然可以激励你继续自己的这段历程：少些吼叫，多些爱心。

30天之后的每一天：我对孩子们的承诺

早上，爱德华经常在我为这一天做着准备工作的时候，坐在我的衣柜旁边，跟我闲聊。他一开始问的问题千奇百怪，但是结束时，问的却总是同样的三个问题：

"妈妈，为什么你肚子里还有宝宝呢？"

"宝贝，没有，妈妈的肚子现在就是这个样子。"我答道。

"哦，那你肚子里什么时候才有另外一个宝宝呢？你不想要个女孩吗？"

"我喜欢你们这些男孩子。当然，给你们生个妹妹也挺好，但是我想你们四个就很好了，就算有人拿全世界来换你们，我都不愿意。"我答道。

"哦，那为什么你只生男宝宝呢？"

这是我最喜欢的问题了，因为我总是笑着回答，"因为当我遇到你爸爸的时候，他特别地想要男孩子，每次路过喷泉的时候，他都会把自己口袋里的五毛硬币扔进去，希望能有你们几个。"

"哦，知道了，再见。"

他对谈话很满意，然后，就蹦蹦跳跳地走了。

然而，有一天，就在我庆祝完自己连续 365 天不吼不叫后不久，他的问题有了一点变化。当我戴上我的订婚戒指和结婚戒指后，爱德华问我："妈妈，你为什么要戴这些戒指呢？"

我说："嗯，闪闪发亮的这一个叫订婚戒指，有一天晚上，爸爸请求我嫁给他，和他共度一生，所以，他就给了我这个戒指，这就是说，他承诺要娶我，并且会永远爱我。我戴上它，就是在承诺，要嫁给他，并且一生爱他。"

"喔，好漂亮啊，那另外一只戒指呢？"他特别专心地问。

"那是我的结婚戒指。在我和你爸爸结婚的那天，爸爸把它戴到了我的手指上，他也有一只，是我给他的，我们戴着它，就是表示我们对彼此承诺，要互相关心，珍爱对方，在日子好过的时候要这样，在不好过的时候还要这样。"我说。爱德华的眼睛瞪得溜圆。我看得出来，他下面那甜甜的话语一定会像平地起雷一样，把我震到爪哇国里去。的确如此。

"妈妈，那我的订婚戒指在哪里呢？"他问。

"你说什么？"我问。

"我的戒指在哪里呢？你为什么不戴个戒指，表明你会永远爱我们几个呢？"

噢，噢，噢，爱德华的问题太天真了，令人震惊，可也令人深思。我不知道该怎么回答，也没有合适的答案。所以我就说："爱德华，这个问题很好，你的想法很好，我是该戴个戒指，来表明我对你们兄弟几个的爱的承诺，是吗？"

"是的，是的，妈妈，你应该。"他说。

像往常一样，他对这次交谈很满意，于是就蹦蹦跳跳地走了。

然而，我却无法平静。我站在衣柜边，一动不动，孩子的话尖刻而辛辣，我感到很震惊，以至于我都没有心思穿戴打扮。然而，正是这个衣柜帮我解决了这个问题。我思索了很久，还是没有答案。心里想，还是要做好这天的工作，不要让这个问题把这一天搞砸。我转身打开衣柜，想要挑选一件衬衫，但是里面只有橙色的衣服。橙色 T 恤、橙色长袖衫、橙色羊毛衫，我笑了，马上想到，"我也许没有戒指来表明我对孩子们爱的承诺，但是我有一柜子的橙色衣服可以证明啊"。

到现在也是这样。在我成功完成和超越了我最初的橙色犀牛挑战目标之后，数月过去了，橙色已经不再是最热门的颜色。在这个世界上，橙色也许会过时，但是在我的家里，它永远不会，它是我们家永远的流行色。因为我会永远做一只橙色犀牛。

在我的孩子们出生之时，我就向他们承诺，我会永远地爱他们。如今，我比以往更强烈地相信，爱他们就意味着，我要做一只橙色犀牛，永远，永远。

这就意味着，虽然我获得了最初的成功，但是我仍然要继续坚守我的承诺，防止自己过于自信，以至于旧习重发。

这就意味着，我要不断地提醒自己，注意我在这次挑战中所学到的各种方法和手段，不断使用它们，让它们成为我的本能行为。

这就意味着，我要继续穿着橙色衬衫，使用橙色便条，提示自己注意使用积极和肯定性的词语，这样我才能谨守自己的诺言。

不论生活怎么改变，不论自己怎么改变，不论我的孩子们如何改变，我都会利用这些方式来强化和激励自己的思想，让吼叫远离自己的生活。

这就意味着，在上述改变出现的时候，我要继续发现和分析引发愤怒的各种因素，努力利用各种新的方式和手段，实现自己的诺言。

这就意味着，在内心深处，我要不断地重温那些难以解答的问题，这样，在我作为一个母亲和一个个体的成长历程中，我就可以永远保持一颗爱心。

做一只橙色犀牛并不意味着，我就要力求完美。不，它只是意味着，我将永远不会停止自己力求最好的努力，不论是在日子好过的时候，还是在日子不太好过的时候。这就意味着，我永远会努力地提高自己，学习更多的橙色犀牛方式。这就意味着，我将努力表露自己的热情和温暖，而不是自己的怨恨和愤怒，选择和善的语言而不是尖刻的话语，从一点一滴做起，少些吼叫，多些爱心，因为这不仅是我的孩子们应该得到的，也是我用我全部的身心想要给予他们的东西。

敢于过你自己梦想的生活。勇敢向前，让你的梦想成真。

——拉尔夫·瓦尔多·艾默生[1]

译 注

[1] 拉尔夫·沃尔多·爱默生（Ralph Waldo Emerson, 1803—1882），生于波士顿。美国思想家、文学家，诗人。爱默生是确立美国文化精神的代表人物。美国前总统林肯称他为"美国的孔子"、"美国文明之父"。1836年出版处女作《论自然》。他文学上的贡献主要是散文和诗歌。

第10章

要点总结

橙色犀牛：有关吼叫的 10 大启示

成为橙色犀牛的 10 大好处

替代吼叫的 10 大方式

最常见的橙色犀牛诱因和解决方法

常见问题和回答

在接受橙色犀牛挑战的每一天里，不吼不叫对我来说变得更加容易、更加自然，因为我了解一整套关于吼叫的启示，替代吼叫的各种方法，不吼不叫的各种好处，我随时可以利用它们来获得成功。我把这些东西拿来和你们共享，就是要让你们在想要吼叫的时候，至少有一种快速和简单的方法可以给予自己激励和指导。

橙色犀牛：有关吼叫的 10 大启示

1. 吼叫不起作用，事实上，它只会使得情况更加糟糕。爱的四字诀——倾听、观察、验证和强调才更起作用。它可以使孩子们冷静下来，集中注意力，更容易倾听，而不是抱着怨恨、敌视和不配合的态度。只有在这时，而不是在我吼叫的时候，孩子们才能够听到我说的话和我对他们的教导。

2. 我无法始终控制孩子们的行为，但是我永远可以控制自己的行为。我可以选择吼叫与否，我可以走开，短暂休息一会，也可以选择用吼叫声伤害所有人的心。

3. 通常，问题的根源是我，而不是孩子们。这样的自我意识会给人警醒和提示。没有它，我就不可能成功。我每天都在自省，在我冲动的时候，我会问自己，"我为什么要吼叫？"。这个问题的答案总是会使我豁然开朗。

4. 照顾自己、空出独处的时间，这些并不是自私的表现。如果我想要有爱心，能够控制自己吼叫的欲望，我就需要照顾好自己。如果我需要独处的时间，提出来，不要觉着羞愧。

5. 积极的思想、行动和话语会吸引积极的行为。负面的行为只会吸引和产生负面的行动。这同样也适用于我和孩子们之间的关系。

6. 为人父母不是要追求完美，而是要力争进步。错误总会出现。重要的不是错误本身，而是在错误出现后，我们要能够原谅自己，向孩子道歉，并且努力从错误中学习，这样才能取得进步。否则，我们只会陷入吼叫的冲动之中。

7. 了解自己怒气上升、想要吼叫时的身体征兆。汗津津的手心、快速的心跳、发颤的身体和越来越高的嗓音——这些东西可以使我们知道，自己要发脾气了，我们要注意了。

8. 寻找新视角是个很有用的方法。当我发现有一些小事甚至是大事在惹我烦心时，我就会寻找新视角安慰自己。"至少"是个好方法。例如，只不过是洒了一些牛奶，至少没有一罐子都洒出来。

9. 孩子们也是人。像我一样，他们也有感情。像我一样，他们也不想被人吼叫。像我一样，他们也在学习。设身处地地为他们想一想，这有助于我平等地对待他们。

10. 在我不吼不叫的时候，就会有好的事情出现。可能是一次拥抱、一声无意中的"我爱你"、也可能是一次特别的交谈。如果我能不发脾气，那一定会有好事出现。

成为橙色犀牛的 10 大好处

1. 我感觉内心更镇静、更平和。吼叫只会激怒每一个人。如果我不生气、不吼不叫，我的步伐就会更轻柔、语气就会更和善，我自己的心情和家里的气氛就不会被破坏。镇静也会传染。

2. 孩子们对我的问题就会有积极的反应。我的意思不是说，我不吼不叫，孩子们的表现就会完美无缺。不是这样，孩子们也是人，和我一样。但是，他们确实反应得更快、更准、更可爱了，而且脾气也变好了，发脾气的次数少了、时间短了。

3. 我跟孩子们在一起时玩得更开心了。没有了那些负能量，我就可以更好地和孩子们一起享受快乐时光。如果我碰巧心情不好，那我就会尽量和孩子们一起去玩乐，因为我发现和孩子们在一起的时光就是最好的负面情绪消除剂。

4. 现在我可以更快、更轻松地放下心头的负担。这是我在橙色犀牛挑战中获得的最好礼物。我以前常常会让麻烦和问题困扰着我，销蚀我的自信、我的快乐以及和孩子们一起玩乐的能力。如今我学会了如何处理这样的问题，我将永远感激橙色犀牛挑战教会我的这一技能。

5. 我可以毫无愧疚地照顾自己。我坚定地认为，照顾自己是我应该做的事情。我不认为，自己应该为此抱歉，相反，我对自己有这种自我意识和力量来做这样的事情感到自豪和骄傲。

6. 我教会了孩子们如何处理自己的愤怒。如今，我的孩子们都可以利用我教导他们的那些替代吼叫的方法和手段来控制自己，而不是在心情不好的时候，利用语言和身体去攻击他人。

7. 在面对压力的时候，我的处理能力大大提高和改善了。在我想要吼叫的时候，我开始积极主动地利用我学到的各种方法，这些方法使我可以更好地管理和控制自己的生活。

8. **我越来越多地随缘行善。** 在我不吼不叫的时候，我感觉内心更加和善，很自然，我想把这种善意分享给别人。我开始像以往那样，经常地随缘行善，这样的感觉真是太好了。在不开心的日子里，我也开始这样做，因为我知道，行善会让我开心。这真是个双赢。

9. **很自然地，我把自己所学到的东西应用到了生活中的各种人际关系上。** 在我开始接受橙色犀牛挑战后，我曾经想要冲着成年人吼叫，但是我控制住了自己。不仅仅是因为我知道，这样的做法除了让自己更加愤怒，不会有任何结果，而且还因为不吼不叫已经成了我的一种自然反应。在面对各种困难时，能有冷静的反应，这是上帝赐给我的礼物。

10. **我越来越相信自己能解决困难的事情。** 在情况困难时，我以前常常会畏缩和逃避。如今，在面对困难时，我再也不会放弃，我只会坚持。我对自己说，"你已经学会了不吼不叫，你可以做到。"

替代吼叫的10大方式

1. 对自己说，"我可以做到，我可以做到"或者"橙色犀牛，橙色犀牛，橙色犀牛！"。
2. 把双手举起来，同时做深呼吸一到一百次。
3. 把你嘴边上那些令人不快的话改换成谁也听不懂的外星语。
4. 闭上眼睛，想象自己正坐在海滩上，拿着饮料、倾听海水的声音。
5. 注视着孩子幼年时的照片，心里想着，他们都是脆弱的小树，需要我们的温柔对待。
6. 跑到卫生间，关上门，对着马桶大吼大叫。
7. 像播音员那样微笑着，大声地说，"今天会是个好日子"。通常，我会哈哈一笑，相信自己说的话一定会成真。
8. 拿一块毛巾，放到热水里，然后用它洗掉自己脸上失望的表情。
9. 吃一些会发出嘎吱嘎吱声的食物，例如苹果或者萝卜。这会使你有种挤掉困难的感觉。
10. 停下手头的事情，跟孩子们拥抱、大笑、玩耍。

请把你最喜欢的替代吼叫的方法写到下面。标明在某种情况下，哪一种方法最有效。

_____
_____
_____
_____
_____
_____
_____
_____

最常见的橙色犀牛诱因和解决方法

诱因	寻求的解决方法
睡前发怒	• 提醒自己，吼叫只会延误孩子们的上床睡觉时间。 • 用一块湿毛巾洗脸（就像洗温泉浴那样）。 • 点燃一只芳香蜡烛，或者使用带香味的沐浴液。 • 调暗灯光，假装自己在洗温泉浴。 • 提醒自己，我要用爱的行动来结束这一天。
感觉有压力	• 告诉自己慢慢来，在说话的间隙深呼吸。 • 告诉自己，我可以做到。 • 拿出一点时间独处。 • 锻炼：俯卧撑和屈膝跳都是简单、快捷又有效的方式。
感觉疲惫	• 首先，给孩子和自己都穿上橙色衣服，提醒自己：我是橙色犀牛。 • 呼吸新鲜空气。 • 跟孩子共同筹划一项预防性吼叫活动。到公园里高声喊叫，在吼叫声不小心溜出来之前，先把它释放出来。 • 十指交叉，希望这一天一切顺利。
个别孩子的个性	• 寻找孩子的优点，说出来，跟孩子一起讨论。 • 创造机会让孩子表现自己的能力。 • 提醒自己，我和孩子们一样，都是人，都不完美。提醒自己，我也有不如人意的地方。 • 拿出时间跟这个孩子一起讨论你们所面对的问题。如果一时无法解决，那就暂停，各自独处一段时间。
吃饭时间	• 用橙色包围自己。橙色餐巾纸、橙色盘子、橙色餐具、橙色食物。如果我感觉吃这顿饭的时候会出问题，我就会拿出这些东西做我的援兵。 • 关掉灯光，点燃一枝蜡烛，告诉孩子们，大家是在一家豪华餐厅里，就是爸爸和妈妈去的那家（梦里去过）。如有必要，播放轻音乐。

诱因	寻求的解决方法
凌乱的卧室（同样适用于孩子们正在学习如何控制的其他行为）	• 把所有玩具都放到床下的衣箱里。不能倒在地板上,也不能在地板上整理分类,那样会被踩到。如今,在玩玩具时,我的孩子们会拖出衣箱,在里面分类,搭建城堡,玩完后,还会把它们推到床下。眼不见,心不烦。 • 寻找新视角。只不过是卧室里乱了点。不值得大吼大叫。生气了吗？失望了吗？是的。吼叫？不。而且,保持冷静,想一想其中的原因,想想自己该做些什么,这样,不论是在当时还是在以后,让孩子收拾干净卧室的机会才会更大。 • 在孩子需要时,帮助他们。换句话说,提醒自己,我们都有需要帮助的时候,教会孩子寻求帮助和教会孩子独立完成,对孩子来说同样重要。 • 分析一下自己的期望。按照孩子的年龄来看,我的要求此时是否过高？
忙碌的早晨	• 在前一天晚上就提前做好准备。 • 把橙色纸条贴在门背后和背包旁边,提醒自己,不要吼叫,寻找温暖。 • 提醒自己,吼叫不会加快我们的到校时间,只会增加迟到的可能性。 • 提醒自己,迟到并不是世界末日,而是对所有人的一次教训。
不听话	• 提醒自己,吼叫无法让孩子听话,也无法获得孩子的有效回应,它只会让孩子们排斥自己。 • 问自己,"我的要求明确、简单、可行吗？"。如果不是,那就换个说法。 • 问自己,"我提要求的方式合适吗？"。（我是不是先引起他们的注意,我离他们的距离是否够近？他们能听到吗？）如果不是,那就重新来。 • 让孩子重复我的要求,这样我就知道,他们听到并且理解了。 • 提醒自己,想一想罗伯特·富伦的话,"不要担心孩子们不听你的话,你要担心的是他们总是关注着你"。这有助于我的反应更冷静、更有效。

诱因	寻求的解决方法
个别问题	• 告诉自己，"我不是生孩子的气，我是在对……（填入问题）感到失望"。然后，再决定，是该努力去解决真正的问题，还是暂且不管它。 • 表达自己的感受（用孩子们能接受的方式），告诉他们自己需要独自安静一会。如果不行，那就去公园。 • 如果你感觉这问题仍然在困扰你，那就给朋友打电话，倾诉你的失望和沮丧。然后告诉自己，等我挂断电话后，我会把这个问题留到晚上睡觉时再解决。

常见问题和回答

1. 遇到紧急情况怎么办？你会吼叫吗？

是的，我会。当孩子处于危险的时候（跑到了大街上，碰到了热锅，将要摔倒），我就会提高嗓音，大声吼叫以引起他的注意。但是我要确保，我是在向着孩子吼叫，而不是冲着他吼叫。对我来说，这两者间有着明显的区别。冲着某人吼叫通常是喊一些伤人的、不好听的话，但是向着某人吼叫的目的是要引起他的注意，而不是要伤人。当我遇到紧急情况要吼叫的时候，我总是使用简短的话语："停下！危险！"不吼不叫的好处就是，当我确实需要靠吼叫来提示孩子注意安全的时候，这样的话会产生效果，他会把我的话当真，孩子会留意我的安全警示。

2. 不靠吼叫，那你靠什么来管理和约束孩子呢？

我认为，管理和约束孩子就是要教育他们。由于两个原因，我很快就明白了，依靠吼叫教育不了孩子：1）我在吼叫的时候，说出的话会不理智，这样我的孩子就根本理解不了我的话，那我也就教育不了他们；2）如果我大吼大叫，那我的孩子们就会排斥我，拒绝听我的话，也就无法从我这里学到什么（在别人冲着我吼叫时，我也是这样）。如果我真的想要管理和约束他们，那我最好不要吼叫，要等到我们都冷静下来的时候，这样我可以清楚地表达自己的要求，而孩子们也可以轻松地听到和接受我的话。

我知道，下一个问题一定是，那你是如何教导你的孩子们区分错和对呢？说实话，我也正在努力做到这一点。目前我正在努力寻找行为的自然结果和正强化方面的平衡。我发现，我对孩子的态度越积极（不要理解成过度表扬，而是指不过度批评），孩子们就越乐于接受我的话。如果我要教给他们某种行为方式，那我也会尽力以身作则。

3. 请帮帮我！我的同伴和其他的家庭成员，以及保姆都跟我的目标不一致，他们老是冲着孩子吼叫。我该怎么办？

人们经常会问到这个问题，我总是说，"坚持自己的信念，以身作则，给大家看看不吼不叫是怎么起作用的。一旦有了明显的结果，那他们就会看到这样做的好处，就会受到启发和激励。如果这样做仍然无效，那你记住，最重要的是让孩子的生活中多一些爱的时刻。为了做到这一点，你正在努力。虽然你的同伴、你的家庭成员在冲着孩子吼叫，但是有了你对孩子的爱，那总比所有人都冲着孩子吼叫要好得多。坚持下去，相信大家会改变的！"。

还有一个解决方法。让你的孩子们对他们说，"橙色犀牛"，提示他们注意自己的行为。我的孩子们有一次就对外公这样说，结果，外公大吃一惊，向他们承诺说，以后会做得更好，结果他做到了！

4. 你说的这些替代吼叫的方法似乎都适合于小点的孩子，对我们家的孩子不起作用，请问有什么建议吗？

我提出这些方法的目的是：

- 让我们学习少些吼叫的过程能够更加活泼有趣，
- 寻找方法让自己冷静下来，
- 给孩子们一个惊喜，以便引起他们的注意，
- 让沮丧的情绪消散，让大家的注意力都集中起来。

如果你认为，这些方法不适合你，或者你感觉做这样的事情会让你不舒服，那就开动大脑想一些其他的方法，只要合乎上面的目的要求就可以。要有创造性，不落窠臼。不过，我还是建议你尝试一下这些方法，你也许会惊讶地发现，它们确实管用。

5. 请帮帮我！我找过了各种问题的诱因，我也在尽自己最大的努力，可就是效果不好，我该怎么办？

- 不要放弃！

- 提醒自己，你是在改变一个顽习，这需要时间。
- 告诉自己，你想要改变，这本身就是一种进步，你会有更大的进步。
- 庆祝你取得的任何进步，即使你认为这只是一小步，因为千里之行，始于足下。任何进步都值得庆祝。
- 深刻反省。问自己，对那些问题的诱因，你真的做到了尽可能诚实吗？
- 寻找他人的支持。如果你目前的支持者不太给力，那就寻找其他人的支持。
- 一定要照顾好自己、爱自己，在不开心的一天后，要宽容自己。
- 重温你的目标。确保这些目标要有激励性，同时又没有超越自己的能力、让自己灰心。如果是这样，那就要调整自己的目标要求，要力所能及，这样你才能有信心实现预定的目标。
- 相信自己能做到，因为你有这个能力。如果你真的想做到少些吼叫、多些爱心，那你就要努力。这需要时间、需要耐心，也需要自我关爱。

应用资料

为了帮助你更好地做到少些吼叫、多些爱心,我在这里附了一张表格,里面列出了我最喜欢的各种方法,还有橙色犀牛追踪单,以及使用说明。请复制几份,在你学习的过程中随时记录下你的做法和想法。本书的背后有一个橙色犀牛标识,可以送给孩子,让他们提醒你,"停!不要吼叫!"。

- 橙色犀牛诱因跟踪表

如果你要获得更多支持和资料,请登录:

- 我的博客　www.TheOrangeRhino.com
- 我们的网上论坛　www.TheOrangeRhino.com/community
- 我们的脸书社区　www.facebook.com/TheOrangeRhino

橙色犀牛诱因跟踪表

使用说明：

1. 写下你吼叫或者想要吼叫的时间和你的想法，把各栏填满，尽可能详细一些。在你想要吼叫而没有吼的时候，也要记录下来，这样你就可以看到自己的进步。在旁边标注一个星号 *。

2. 在一天即将结束时，看看你填的表格，圈出任何有倾向性的表现（例如，反复出现的某种感受，反复出现的时间）。这可以帮助你快速发现需要注意的事项。

3. 在经过几天的对诱因的分析后，用下划线标注出可以搞定的诱因，用黑体标注出可控性诱因，以方框标注出无法改变的诱因。参考以下说明来给你的诱因分类。

- **可以搞定的诱因**。这些是很容易解决的问题，我们可以用一些很简单的方法来彻底消灭它们。例如，早上时间紧张（前一天晚上就把背包准备好），声音太乱（戴耳罩），孩子们总是忘记早上该做的事情（把要做的事情画成图片，贴在他们的卧室里）。

- **可以管理的诱因**。这些诱因不经常出现，但是你应该为此做好准备，一旦它们出现了，你可以控制自己的反应。有时候，如果你经过了反复的练习，这些诱因会完全消失。例如，跟配偶打架，经前综合征，孩子们的打闹，身体疲累。

- **不能改变的诱因**。对于这些诱因，你无能为力，因为你没办法完全消除，或者按照你的时间表从你的生活中清除掉这些因素。例如，健康问题，过去的伤痛，他人的行为。这些诱因可能很小、很简单，例如，"丈夫不肯铺床"。

按照本书的指导来做。如果你已经做过一次，目前正在重新分析你发怒的诱因，因为随着生活的改变，诱因确实也变了。那么我建议你从第一步到第三步再做一次。完成诱因分类之后，每次挑出一个，分析它。在你能够掌控这个诱因之后，再挑出一个。祝你的分析过程轻松愉快。

资源　223

橙色犀牛诱因跟踪样表

日期时间	我冲谁吼	假定诱因	这时我有什么感受?有什么事让我烦恼?	觉得迫切想要吼叫前,我正在做什么	孩子在做什么?	孩子饿了,渴了,困了吗?	在此之前我有什么身体上的征兆?	我能怎样做得更好一些?
上午6:45	安德鲁	抱怨,但实际上我只是累了	N/A	正在给麦克穿衣服	N/A	渴了	N/A	昨天晚上就摆好饮料杯
上午8:13*	詹姆斯	不做正经事	要赶紧时送他们去学校	跑来跑去地做早餐	N/A	N/A	出汗	昨天晚上就打包好便当
上午8:53	他们几个	孩子们不自己穿鞋准备上学	匆忙;沮丧;累	看着手机,有好几件事要做。我猜真正的诱因是我不在场	玩得很开心	没有,但他们玩得太专注了	N/A	放下手机,帮助他们,给他们五分钟时间以示警告
下午6:05	詹姆斯、爱德华和麦克	不愿意上楼	匆忙;累。抓狂一天时间都不够用	打扫卫生	开心地看电视	累	心跳加快	给出警告;放下打扫的活儿,稍后再做,这样就不会匆忙了

*早高峰是个问题。我明确地需要多睡一会儿。当我全神贯注、不四目相对指引方向时,我有可能会对着墙壁说话。
N/A=无

橙色犀牛诱因跟踪样表

日期时间	我冲谁吼	假定诱因	这时我有什么感受？有什么事让我烦恼？	觉得迫切想要叽叫前，我正在做什么	孩子在做什么？	孩子饿了、渴了、困了吗？	在此之前我有什么身体上的征兆吗？	我能怎样做得更好一些？

橙色犀牛诱因跟踪样表

日期时间	我冲谁吼	假定诱因	这时我有什么感受？有什么事让我烦恼？	觉得迫切想要吼叫前，我正在做什么	孩子在做什么？	孩子饿了，渴了，困了吗？	在此之前我有什么身体上的征兆吗？	我能怎样做得更好一些？

橙色犀牛诱因跟踪样表

日期时间	我冲谁吼	假定诱因	这时我有什么感受？有什么事让我烦恼？	觉得迫切想要吼叫前，我正在做什么	孩子在做什么？	孩子饿了，渴了，困了吗？	在此之前我有什么身体上的征兆吗？	我能怎样做得更好一些？

橙色犀牛诱因跟踪样表

日期时间	我冲谁吼	假定诱因	这时我有什么感受？有什么事让我烦躁？	觉得迫切想要吼叫前，我正在做什么	孩子在做什么？	孩子饿了，渴了，困了吗？	在此之前我有什么身体上的征兆吗？	我能怎样做得更好一些？

橙色犀牛诱因跟踪样表

日期时间	我冲谁吼	假定诱因	这时我有什么感受？有什么事让我烦恼？	觉得迫切想要吼叫前，我正在做什么	孩子在做什么？	孩子饿了，渴了，困了吗？	在此之前我有什么身体上的征兆吗？	我能怎样做得更好一些？

致 谢

如果没有这么多人对我无私的支持和关心，就不会有这本书的出现。在我每次感到压力重重、怀疑自己的能力、并因此想要退缩和停止的时候，是大家在有意无意中帮助我树立了继续前进、实现目标的信心。我将永远、永远感谢大家。

首先，我要感谢我的丈夫，因为，在我还对自己没有信心的时候，他就相信我的能力。亲爱的，我感谢你，永远感谢你。在我失落、气馁的时候，你是我忠实的听众，是你鼓励我继续前进。正是由于你的鼓励和帮助，我才没有放弃。

感谢我的孩子们，詹姆斯、爱德华、安德鲁和麦克。是他们给了我努力做到最好的原因和理由。感谢你们的恶作剧，它使我在沮丧的同时，也成长为了一个母亲、一个人。有了你们，我今天才可以有更好的状态。谢谢你们，你们永远都是最好的橙色犀牛支持者。

感谢我的父母。谢谢你们一直信赖我，并支持我实现自己的梦想。特别感谢你们在我写作这本书期间，帮我照顾孩子。我知道你们牺牲了大量的个人时间，对此我表示深深的感激。

谢谢我的朋友们。感谢你们对我长期的关注，在我想要吼叫的时候，愿意倾听我的内心想法，并感谢你们，在我需要激励的时候，给我送来的各种以橙色犀牛为主题的礼物。是你们给我带来无尽的微笑和欢乐，有你们这样的朋友，我三生有幸。同时也感谢治疗过和教导过我的孩子们的所有医生和老师，他们不仅给我提出了有关养育孩子方面的珍贵建议，而且还给了我和孩子们以深切的关爱和支持。

感谢 Digavise 网站的布鲁克·林伟尔，感谢你帮我发表了我的博客。更重要的是，谢谢你的友谊、你的指导和你长期的鼓励。你给了我力量，帮我获得了知识。还要感谢克里斯汀·萨维诺，是你帮我拍摄了本书中的所有照片。

感谢橙色犀牛挑战团体，谢谢你们相信我，鼓励我，在我写作本书的过程中，不断地激励我。大家内心里深沉的爱、支持和积极学习的态度对我、对我们所有的人都是一份最好的礼物。感谢你们送来了这份礼物。你们所分享的每一份帖子、你们所作出的每一条评论，都有助于更多的父母和孩子了解我们。我们大家，尤其是你们，一起开启了关于吼叫方面的对话，帮助众多的人们知道了这本书和我本人，而且更重要的是，认识了我的四个孩子们。谢谢你们！

感谢《父母》杂志社的盖尔·康纳，正是在你的敦促下，我才产生了写作这本书的想法，谢谢你，在我自己还没有这种意识的时候，就看到了写作本书的可能性，谢谢你把我的博客分享给你的听众，帮助我和更多读者建立了联系，最终帮助更多的父母减少了因为吼叫而产生的内疚。我还要感谢《赫芬顿邮报》的工作人员，正是由于你们分享了我的"在我不再冲着孩子吼叫后所学到的十件事情"一文，我才有了更多的信心把我的想法传递给更多的父母。

感谢蕾切尔·梅西·斯坦福、肖恩·芬克和所有我在写作过程中遇到的其他博客作者，谢谢你们，当我在博客中表达了自己对养育孩子的迷茫时，是你们给了我回馈和支持，并且把我的博客分享给他人。作为朋友、作为父母、作为一个普通人，你们给了我巨大的激励。

最后，感谢和风（Fairwinds）出版社的阿曼达·沃德尔，感谢你在我需要的时候，发现了我，我代表所有看到本书的人谢谢你。从上中学时起，我就梦想着能出一本书，是你使我的梦想成真。我还要感谢维尼·普伦提斯、贝奇·甘蒙斯、凯蒂·福克斯、安妮·雷，谢谢你们理解、支持我和我的观点，有了你们的帮助，我才能够接触到更多的人们。

作者简介

茜拉·麦克瑞斯（Sheila McCraith），又名橙色犀牛，是四个男孩子的母亲，要知道他们都还不到八岁，一个个精力旺盛。

2012年1月，她家的帮工发现她在冲着孩子们吼叫，于是鼓励她寻找一种方法来彻底消除这个习惯。她于是参加了橙色犀牛挑战，并在那天公开承诺，自己在随后的365天里将不吼不叫，要像一只橙色犀牛而不是一只灰色犀牛那样，用温暖、耐心和冷静的心态对待孩子。犀牛是自然界中的一种动物，本性平和，但是一旦被激怒，则会具有攻击性。

她成功地超额实现了自己的目标。她认为，自己的成功源于自己找到了一种有趣而有创造性的方式来解决那些不那么有趣的问题。自那以后，她坚持做一只橙色犀牛，直到现在。为了便于计算日期，也为了寻求他人的帮助，她决定在自己的博客 www.TheOrangeRhino.com 中记录下自己的行动和想法，并把博客向公众开放。

她的博客日志记录了橙色犀牛挑战的经过，重点记录了自己的教训和替代吼叫的各种方法。她的写作诚实、亲切、略带幽默而又有激励性，她的博客成了渴望停止吼叫的父母们和其他人的一个论坛。茜拉的博客获得了育儿杂志评选的"2013年最有用的博客"的称号，并曾经被《赫芬顿邮报》和世界上其他育儿方面的博客无数次地转载过。

在辞职回家之前，茜拉曾经从事过品牌营销，她爱好蛋糕装饰、摄影和随缘行善，她也曾经想围绕自己的爱好之一开办一家公司。橙色犀牛博客和橙色犀牛团体使她认识到，分享自己的奋斗过程和成功经验，并以此来帮助那些渴望获得帮助的人们，这正是她在自己的空余时间里愿意去做的事情。

图书在版编目（CIP）数据

少些吼叫多些爱 /（美）茜拉·麦克瑞斯
（Sheila McCraith）著；叶红婷，宋晋平译.—上海：
上海社会科学院出版社，2016
　书名原文：Yell Less, Love More
　ISBN 978-7-5520-1698-7

Ⅰ.①少… Ⅱ.①茜…②叶…③宋… Ⅲ.①家庭教育
Ⅳ.① G78

中国版本图书馆 CIP 数据核字（2016）第 309469 号

YELL LESS, LOVE MORE
Copyright©2014 Fair Winds Press
Text©2014 Sheila McCraith
Simplified Chinese edition copyright©2017 Beijing Green Beans book Co.,Ltd.
Through QUARTO PUBLISHING GROUP USA INC
All rights reserved.
上海市版权局著作权合同登记号：图字号 09-2016-798

少些吼叫多些爱

著　　者：	［美］茜拉·麦克瑞斯
译　　者：	叶红婷　宋晋平
责任编辑：	杜颖颖　赵秋蕙
特约编辑：	刘　塍
封面设计：	主语设计
出版发行：	上海社会科学院出版社
	上海市顺昌路 622 号　邮编 200025
	电话总机 021-63315900　销售热线 021-53063735
	http://www.sassp.org.cn　E-mail: sassp@sass.org.cn
印　　刷：	北京凯达印务有限公司
开　　本：	710×1000 毫米　1/16 开
印　　张：	15.5
字　　数：	280 千字
版　　次：	2017 年 1 月第 1 版　2017 年 1 月第 1 次印刷

ISBN 978-7-5520-1698-7/G · 605　　　　　　定价：42.80 元

版权所有　翻印必究